Jeanette Elsässer, Karin E. Sauer

Burnout in sozialen Berufen

Perspektiven Sozialer Arbeit in Theorie und Praxis

Herausgegeben von
Prof. Dr. Süleyman Gögercin und Prof. Dr. Karin E. Sauer,
DHBW Villingen-Schwenningen

Band 2

Jeanette Elsässer, Karin E. Sauer

Burnout in sozialen Berufen

Öffentliche Wahrnehmung, persönliche Betroffenheit, professioneller Umgang

CENTAURUS

Zu den Autorinnen:
Jeanette Elsässer, Sozialpädagogin (Bachelor of Arts) arbeitet im Bereich Erwachsenenbildung mit psychisch kranken und geistig behinderten Menschen.
Prof. Dr. Karin E. Sauer, Diplom-Pädagogin, ist Dozentin für Sozialarbeitswissenschaft und Methoden der Sozialen Arbeit.

Bibliografische Informationen der Deutschen Nationalbibliothek
Die Deutsche Nationalbibliothek verzeichnet diese Publikation in der Deutschen Nationalbibliografie; detaillierte bibliografische Daten sind im Internet über http://dnb.d-nb.de abrufbar.

ISBN 978-3-86226-225-0

ISSN 2195-7347

Gedruckt auf säurefreiem und chlorfrei gebleichtem Papier.

www.centaurus-verlag.de

Umschlaggestaltung: Jasmin Morgenthaler, Visuelle Kommunikation
Umschlagabbildung: Johannes Dörflinger, Sisyphus. Kleinskulptur (14x17x6 cm), 2004
Satz: Vorlage der Autorinnen

Vorwort

In einer Zeit, in der die Ökonomisierung der Sozialen Arbeit fortschreitet und zugleich psychische Erkrankungen zunehmen, scheint dem Burnout-Syndrom eine immer größere Bedeutung zuzukommen: Effizienz und Effektivität auf Kosten der Gesundheit? Was hat es tatsächlich mit dem Burnout-Boom auf sich, und welche Konsequenzen ergeben sich für die sozialen Berufe?

Die Bearbeitung des Themas führt verschiedene interdisziplinäre Zugänge zusammen (historische, medizinische, sozialpädagogische). Diese werden vor dem Hintergrund aktueller gesellschaftlicher Veränderungsprozesse diskutiert, welche die sozialpädagogische Berufswelt beeinflussen.

Der empirische Zugang zu der Frage, welche Positionen von Burnout betroffene Sozialarbeitende zu den gesellschaftlichen Entwicklungen einnehmen, erfolgt durch ein narratives Interview mit einer Sozialpädagogin, die vor einiger Zeit selbst aufgrund von Burnout dienstunfähig wurde und in Behandlung war. Seither ist sie als Coach in der Burnout-Prävention aktiv.

Mit Hilfe einer gezielt darauf abgestimmten Methodenkombination werden die inhaltlichen und sprachlichen Informationen des Interviews sensibel ausgewertet. Die Ergebnisse münden in konkrete Handlungsempfehlungen, die unter Berücksichtigung inhaltlicher, organisatorischer, personeller sowie struktureller Aspekte in der Sozialen Arbeit umgesetzt werden können.

Insgesamt gelingt eine umfassende Analyse eines bislang wenig differenziert betrachteten „Container-Begriffs“ am Beispiel einer wohl einmaligen Fallrekonstruktion aus der sozialpädagogischen Praxis.

Für die gute Zusammenarbeit während der gemeinsamen redaktionellen Überarbeitung dieser Studie danken wir Prof. Dr. Süleyman Gögercin und den Verantwortlichen des Centaurus Verlags, die sich in kommunikativer und zielführender Kooperation für unsere neu begründete Schriftenreihe *Perspektiven Sozialer Arbeit in Theorie und Praxis* einsetzten.

Des Weiteren danken wir allen, die zur Entstehung dieser Veröffentlichung beigetragen haben: den Arbeitskolleginnen der Lebenshilfe, der Interviewpartnerin für ihre Bereitschaft und Offenheit, die Arbeit in dieser Form zu ermöglichen und nicht zuletzt den Familien und Freunden für ihre vielfältige Unterstützung.

Villingen-Schwenningen, im Januar 2013
Jeanette Elsässer, Karin E. Sauer

Inhaltsverzeichnis

Vorwort V

Inhaltsverzeichnis VII

1. Einleitung 1

2. Die Begriffsgeschichte von Burnout 3

3. Definition und Eingrenzung von Burnout 5
3.1 Wer ist von Burnout betroffen? 5
3.2 Definition von Burnout 6
3.3 Gibt es die Diagnose Burnout? 8
3.4 Eingrenzungsmöglichkeiten 10
3.4.1 Symptome von Burnout 10
3.4.2 Messung von Burnout 12
3.4.3 Verlauf von Burnout 14
3.4.3.1 Verlaufsmodell nach Schmidbauer 15
3.4.3.2 Verlaufsmodell nach Freudenberger und North 16
3.4.4 Mögliche Ursachen von Burnout 20
3.4.4.1 Sozial-, arbeits- und organisationspsychologische Ansätze 20
3.4.4.2 Der persönlichkeitszentrierte Ansatz 21
3.4.4.3 Zusammenspiel der beiden Ansätze 22

4. Burnout in der Gesellschaft 23
4.1 Statistische Daten und Fakten 23
4.2 Wandel der Gesellschaft 26
4.3 Burnout in der Gesellschaft 29

5. Exemplarische Studie 33
5.1 Methodik und Forschungsdesign der Untersuchung 33
5.2 Narratives Interview 34
5.3 Qualitative Inhaltsanalyse 35

6. Darstellung der Ergebnisse **37**
6.1 Sample 37
6.2 Qualitative Inhaltsanalyse 37
6.2.1 Zusammenfassende Inhaltsanalyse 38
6.2.2 Rekonstruktion der übergeordneten Kategorien des Interviews 47
6.3. Integrative texthermeneutische Analyse 48
6.3.1 Nachtranskription der Ankerbeispiele und Sequenz-Analyse 48
6.3.1.1 Zur 1. Kategorie:
Doppeldeutigkeit von Burnout – Modewort und ernst zu nehmendes Risiko 48
6.3.1.2 Zur 2. Kategorie:
Die Rahmenbedingungen in sozialen Berufen begünstigen Burnout 50
6.3.1.3 Zur 3. Kategorie:
Burnout-Prävention ist möglich 51
6.4 Bezug der Kategorien zu theoretischen Argumentationen 53
6.5 Bezug der Ergebnisse zur Praxis der Sozialen Arbeit 55

7. Prävention und Intervention **58**
7.1 Burnout-Prävention für Fachkräfte der Sozialen Arbeit 58
7.2 Möglichkeiten des Individuums 60
7.3 Möglichkeiten im Kontext Individuum – Organisation 61
7.4 Möglichkeiten der Organisation 62

8. Das Helfersyndrom und Burnout in der Sozialen Arbeit **64**

9. Zusammenfassung und Schlussbemerkung **66**

10. Quellenangaben **69**

1. Einleitung

Fehlt eine Arbeitskollegin für längere Zeit, heißt es im Kollegium schnell: „Die hat bestimmt Burnout". Hat man einen Kollegen, der sich für die Arbeit engagiert und Karriere machen will, dann rät man ihm: „Pass bloß auf, dass du kein Burnout bekommst". Betrachtet man das Zeitschriftenregal eines Kiosk, findet man mindestens eine Zeitschrift mit den Schlagwörtern: Stress, Depression oder Burnout. Gibt man diese Schlagwörter in eine Suchmaschine des Internets als Suchwort ein, ergeben sich für „Burnout" ungefähr 65.400.000 Treffer, für „Depression" ca. 282.000.000 Treffer und für „Stress" ca. 124.000.000 Treffer (Stand Juni 2012). Zum Vergleich: Sucht man nach „Rückenschmerzen" oder „Bluthochdruck", was die häufigsten Gründe für einen Arztbesuch sind (vgl. Euro-Informationen 2012), bekommt man ca. 4.820.000 Treffer für Rückenschmerzen und ca. 4.140.000 Treffer für Bluthochdruck.

Es ist festzustellen, dass der Begriff Burnout in der Gesellschaft bekannt, gängig und geläufig ist. Doch was verbirgt sich hinter diesem Phänomen? Die Burnout-Forschung ist an einem Punkt angelangt, der als Stillstand erscheint. Seitdem über Burnout publiziert wurde, gibt es bis heute kaum neue Erkenntnisse darüber. Und dennoch hört man von immer mehr Personen, die ausbrennen oder ausgebrannt sind. Fast alle kennen eine oder mehrere Personen, die an einem Burnout leiden. Ist Burnout also eine Bedrohung oder gar eine Gefahr für die Gesellschaft? Verfolgt man die Veröffentlichungen in den Medien, fällt auf, dass Burnout ein Thema ist, das in den letzten Jahren vermehrt Schlagzeilen gemacht hat.

Besonders in sozialen Berufen taucht das Thema Burnout immer wieder auf: Die Soziale Arbeit hat sich gewandelt, und die Menschen, die in diesem Sektor arbeiten, müssen lernen, mit ihren Ressourcen gesundheitsbewusst umzugehen. Doch wie sehr liegt den sozialen Einrichtungen das Wohl ihrer Arbeitskräfte am Herzen? Ermöglichen die Rahmenbedingungen überhaupt einen Fluchtweg aus der Burnout-Falle?

Im Verlauf dieser Arbeit soll gezeigt werden, was unter dem geläufigen Begriff Burnout tatsächlich verstanden wird. Das Verständnis dieses Phänomens bewegt sich in einem Spannungsfeld zwischen „Modeerkrankung" und ernstzunehmender Gefahr. Daraus lassen sich Hinweise ableiten, wie die Diskussion im Zusammenhang mit professioneller Sozialer Arbeit geführt werden sollte, um ein größtmögliches Bewusstsein potentieller Faktoren und Auswirkungen von Burnout zu erreichen.

Die Arbeit gliedert sich in drei Teile. Im ersten Teil (Kapitel 2-4) werden die theoretischen Grundlagen dargestellt, dabei werden Begrifflichkeiten, Definitionen, Ein- und Abgrenzungen von Burnout thematisiert. Neben den Symptomen geht es auch um den Verlauf und die Ursachen von Burnout. Zudem ist die Messung von Burnout nennenswert, auf die ebenfalls in diesem Teil eingegangen wird. Des Weiteren wird der Diskurs in der Gesellschaft aufgegriffen: Wie hat sich die Gesellschaft gewandelt und welche Auswirkungen hat dies auf die Soziale Arbeit?

Um einen Einblick zu gewinnen, inwiefern Sozialarbeitende von Burnout betroffen sein können, wurde ein narratives Interview geführt. Im zweiten Teil (Kapitel 5-6) wird der Ablauf dieser qualitativen Forschung und deren Ergebnisse dargestellt und interpretiert. Danach werden die theoretischen Grundlagen mit den Ergebnissen der explorativen Studie verknüpft. Im dritten Teil (Kapitel 7-9) werden die Ergebnisse schließlich auf die Praxis bezogen und aufgezeigt, welche Präventions- und Interventionsmöglichkeiten es gibt, um Burnout zu überwinden oder zu verhindern.

Es ist durchaus bekannt, dass Burnout auch bei Arbeitslosen, im Haushalt Tätigen oder jeder anderen Berufsgruppe auftreten kann. Dennoch konzentriert sich diese Arbeit auf Burnout bei Berufstätigen in der Sozialen Arbeit. Diese sollen durch diesen Beitrag dazu angeregt werden, sich mit den Erscheinungsformen von Burnout auseinanderzusetzen. Nur die frühzeitige Aufklärung und die Erlangung von hinreichenden Kenntnissen über Burnout können zum einen die Gesundheit der Arbeitnehmerinnen und Arbeitnehmer, zum anderen die Lebens- und Berufsorganisation nachhaltig positiv beeinflussen.

2. Die Begriffsgeschichte von Burnout

Der Begriff Burnout in Verbindung mit „ausgebrannt sein“ wurde zum ersten Mal von Herbert J. Freudenberger im Jahr 1974 aufgeführt. Freudenberger kam 1927 in Deutschland zur Welt, musste als Jude jedoch mit zwölf Jahren nach Amerika fliehen. In New York wohnte er bei einer Tante, doch verbrachte er die meiste Zeit auf der Straße. Er arbeitete sich sprichwörtlich von unten nach oben, bis er 1956 schließlich als deutsch-amerikanischer Psychoanalytiker in New York seine eigene Praxis eröffnete. Er hatte einen sehr langen Arbeitstag: von 8 bis 18 Uhr war Freudenberger für seine Patientinnen und Patienten da. Doch damit nicht genug; anschließend half er ehrenamtlich – bis spät in die Nacht – vielen ehemals drogenabhängigen Jugendlichen. Er arbeitete also sehr viel und sehr intensiv. Seine Frau und seine drei Kinder bekamen ihn nur selten zu Gesicht. (vgl. Hillert/Marwitz 2006, S. 41)

> „In dieser Situation fühlte sich Herbert Freudenberger zunehmend erschöpft, ausgelaugt, abgeschlagen, müde, resigniert, dabei gleichzeitig häufig unausgeglichen und gereizt. Er geriet in einen Zustand totaler psychischer und physischer Erschöpfung.“ (ebd.)

Freudenberger sprach mit seinen Arbeitskollegen über seinen Zustand, wobei er zum ersten Mal das Wort Burnout gebrauchte. Bald darauf schrieb er seine erste Publikation zum Thema, mit dem Titel ‚Staff Burn-Out‘. Als Freudenberger den Begriff einführte, nahm er Bezug auf die Erläuterung eines Lexikons, welches

> „das Verb ‚(to) burn-out‘ als eine Erscheinung [definiert], die nach dem Gefühl des Versagens, der Überforderung oder als Gefühl des Ausgepumptseins auftritt, nachdem übergroße Anforderungen an die eigene Energie und die persönlichen Kraftreserven gestellt worden sind.“ (Freudenberger 1980, S. 88; zitiert nach Wagner 1993, S. 6)

Für Freudenberger selbst war Burnout eine Art Energieverschleiß durch Überarbeitung, wodurch es sowohl zu einem psychischen als auch zu einem physischen Abbau bei den Betroffenen kommt.

Er betrachtete hauptsächlich medizinische Fachkräfte und Angestellte von Hilfs- und Bildungsorganisationen. (vgl. Burisch 2006, S. 6) In seiner ersten Publikation berichtete er jedoch über seinen eigenen Zustand, seine Beschwerden und Leiden. Freudenberger lieferte keine klaren Grenzen bezüglich Ursachen und Symptomen, auch schrieb er wenig über Theorie, sondern über sein persönliches Erleben, wodurch sich viele Leserinnen und Leser wiederfinden und identifizieren konnten. Es hatte den Anschein, als ob das Phänomen schon lange existierte und lediglich ein Begriff dafür gefehlt hat. Freudenberger gab den Beschwerden einen Namen und die Betroffenen konnten darüber sprechen ohne stigmatisiert oder gar ausgegrenzt zu werden. Denn Freudenberger zufolge brennen nur Menschen aus, die sich zuvor engagiert für deren Mitmenschen eingesetzt und sich dadurch überarbeitet haben.

In der Öffentlichkeit stieg das Interesse, mehr über Burnout zu erfahren. Binnen kurzer Zeit war der Begriff in aller Munde und hat bis heute einen erstaunlich hohen Bekanntheitsgrad erreicht. Warum sich gerade dieser Ausdruck durchgesetzt hat, lässt sich nicht genau begründen. Es wird vermutet, dass es an der Bildhaftigkeit des Wortes liegt, wodurch ein hohes Deutungsmuster entsteht. Übersetzt man Burnout mit „ausbrennen", so kommen den Menschen unterschiedliche Bilder in den Sinn. Der eine stellt sich die Bilder eines Bauwerks vor, in welchem es gebrannt hat und von dem nur noch das Gemäuer übrig geblieben ist, andere denken an Sicherungen, die durchbrennen und nicht mehr funktionsfähig sind. Fans von Auto- oder Motorradrennen verbinden das Wort mit durchdrehende Reifen, was ebenfalls ‚Burnout' genannt wird. Diese plausiblen Zusammenhänge machen die Vokabel ‚Burnout' greifbar und verständlich, sodass sie schnell an Popularität gewonnen hat.

Hillert und Marwitz sehen Gemeinsamkeiten der Begriffe ‚Burnout' und ‚Liebe'. Beide sind nicht deutlich zu erfassen und dennoch werden sie vom Großteil der Menschen intuitiv verstanden. Für den Soziologen Niklas Luhmann sind dies sogenannte ‚generalisierte Kommunikationsmedien' die nicht erfunden, sondern entdeckt werden. So wie die Liebe von jedem Menschen selbst definiert werden kann, ist es möglich, Burnout mit individuellen Vorstellungen zu füllen. (vgl. Hillert/Marwitz 2006, S. 280-281) Burnout ist also ein generalisiertes Kommunikationsmedium und ein metaphorischer Begriff, wodurch vielschichtige Assoziationen entstehen. Deshalb ergibt sich eine Art Unschärfe, die es erschwert, eine klare Definition zu fassen. (vgl. Wagner 1993, S. 6)

3. Definition und Eingrenzung von Burnout

In diesem Kapitel wird dargelegt, wer von Burnout betroffen sein kann. Anschließend werden beispielhaft einige Definitionen aufgeführt, welchen eine Eingrenzung von Burnout durch das Erläutern der Symptome, des Verlaufs und der Ursachen folgt. Auch die Diagnose und die Messung von Burnout werden in diesem Zusammenhang beschrieben.

3.1 Wer ist von Burnout betroffen?

Als Freudenberger das Phänomen Burnout erstmals benannt hatte, ging er davon aus, dass die Menschen betroffen sind, die einen helfenden Beruf ausüben, sich selbstlos für andere einsetzen und sich durch eine soziale Tätigkeit überlasten. Freudenberger zufolge erkranken nicht unbedingt Personen, die eine schwierige Vergangenheit oder eine geringe psychische Belastbarkeit haben. Für ihn ist Burnout weder eine Neurose, noch eine seelische Erkrankung. Er beschreibt Burnout als ein Phänomen eigener Klasse, welches aus einer überfordernden Tätigkeit entsteht. Man könnte also folgern, dass Betroffene keine Schuld an ihrem Leiden haben. (s. Kapitel 3.4.4 *Mögliche Ursachen von Burnout*)

Doch brennen tatsächlich nur Menschen mit einer sozialen Tätigkeit aus? Heute weiß man, dass die Sicht erweitert werden muss. In vielen Berufen und Personengruppen gab es bereits Burnout-Fälle, demzufolge sind alle potenziell bedroht. Dennoch wird Burnout auch heute noch hauptsächlich „in den helfenden, erziehenden und Dienstleistungsberufen, im Management und unter ‚Kreativen' diskutiert." (Burisch 2006, X) Dies ist wohl das Verschulden der Forschung, die sich zu lange einzig auf die helfenden Berufe, welche emotionale Zuwendung der Klientel gegenüber fordern, konzentriert hat. Matthias Burisch vertritt die Meinung, dass sich Burnout an jedem Arbeitsplatz, im Privatleben oder in der Arbeitslosigkeit abzeichnen kann. Daher hat er in der 3. Auflage seines Buches „Das Burnout-Syndrom. Theorie der inneren Erschöpfung" die Berufe und Personen aufgelistet, bei denen bereits Burnout diagnostiziert wurde. Die nachfolgende Aufzählung gibt einen Überblick über Berufs- und Personengruppen, die von Burnout betroffen sein können:

- Beratung *(Anwälte, Schulpsychologen,...)*;
- Dienstleistungsberufe *(Apotheker, Bestatter, Stewardessen, ...)*;
- Hoheitsdienste (*Gefängnispersonal, Polizisten, Richter, ...)*;
- Medienberufe *(Journalisten, Reporter)*;
- Medizinische Versorgung *(Ärzte, Hebammen, ...)*;
- Nichtmedizinische Therapie
  (Therapeuten, Psychoanalytiker, Psychotherapeuten, ...);
- Pflege
  (Krankenschwestern, Pflegepersonal geistig behinderter Erwachsener, ...);
- Privatleben *(Eltern, (Ehe-)Partner)*;
- Rettungspersonal *(Feuerwehrleute, Sanitäter)*;
- Seelsorge *(Missionare, Pfarrer, ...)*;
- Sozialarbeit im weiteren Sinne
  (Bewährungshelfer, Drogenberater, Sozialarbeiter, ...);
- Unterricht und Lehre *(Erzieher, Lehrer, ...)*;
- Verwaltung
  (Leiter von (Hoch-)Schulen, Kliniken, Rehabilitationseinrichtungen, ...);
- Wirtschaft *(Investment-Banker und Anleger, Manager, Sekretärinnen, ...)*;
- Sonstiges *(Arbeitslose, Ingenieure, Studenten, Sportler, ...)*.

(vgl. ebd., S. 21-24)

Hauptsächlich werden bei dieser Auflistung Berufe genannt, in denen emotionale Zuwendung gefordert ist. Dies ist ein Kriterium, welches alle sozialen Berufe betrifft. Daraus zeigt sich, dass Mitarbeitende im Sozialbereich doch ein größeres Risiko haben, auszubrennen. Theoretisch können alle Menschen von Burnout betroffen sein, doch gibt es bestimmte Persönlichkeiten, die eher dazu neigen, an Burnout zu erkranken. Schon Freudenberger beschrieb die besonders bedrohten Menschen als sehr engagierte Personen, die sich hohe Ziele stecken, ihre Arbeit ausgesprochen gut machen und etwas erreichen wollen. Personen, die arbeiten und helfen möchten und sich dadurch selbst unter Druck setzen, dem sie irgendwann nicht mehr standhalten können. (vgl. Hillert/Marwitz 2006, S. 41)

3.2 Definition von Burnout

Es gibt zahlreiche Definitionen von Burnout, die alle einleuchtend erscheinen. Die bekanntesten Definitionen beinhalten größtenteils die Aspekte des Maslach-Burnout-Inventars (s. u.). Wie bereits erwähnt, ist Burnout ein generalisiertes

Kommunikationsmedium, das individuell beschrieben und erklärt werden kann. So gibt es möglicherweise genau so viele Definitionen wie Betroffene.

Die Definition von Burnout konnte sich bis dato also nicht durchsetzen. Verschiedene Autorinnen und Autoren haben Artikel über Burnout verfasst und versucht, sich einer Definition anzunähern, doch scheint es besonders schwierig, Burnout beispielsweise von Stress oder Depressionen abzugrenzen. Des Weiteren sind „alle einschlägigen Versuche [Burnout zu definieren] (...) bis heute entweder zu umfassend oder zu spezifisch (...).“ (Burisch 2006, S. 14) Der Facettenreichtum der Definitionen von Burnout in der Fachdiskussion wird im Folgenden deutlich:

> „Ausbrennen bedeutet sich entleeren. Die eigenen körperlichen und seelischen Reserven erschöpfen. Sich selbst bei dem Versuch zerstören, unter Aufbietung aller Kräfte unrealistische Erwartungen zu verwirklichen, die selbstgesetzt oder vom Wertsystem der Gesellschaft aufgezwungen sind.“ (Freudenberger/Richelson 1983, S. 34)

In dieser Definition von Freudenberger und Richelson wird Burnout als ein Kraftaufwand beschrieben, den Menschen einsetzen, um ihre Ideale zu erreichen. Sind diese Ideale zu hoch gewählt, geht mit dem Kraftaufwand ein Energieverlust einher, dem das Gefühl des Ausgebranntseins folgt. Fengler beschreibt, dass Menschen beim Versuch Erwartungen zu erfüllen immer wieder Belastungen erfahren, doch

> „[w]as (...) eine einzelne Belastung oder auch eine Häufung von Beanspruchungen in kurzen Zeitspannen nicht bewirkt, das mag eintreten, wenn mehrere Belastungen gleichzeitig und über längere Zeit hinweg existieren und keine Aussicht besteht, sie loszuwerden.“ (Fengler 1992, S. 103)

Es müssen also mehrere Spannungszustände zusammentreffen, damit es zum tatsächlichen Kraftverlust kommt. Fengler beschreibt ebenso, dass Burnout kein Phänomen ist, welches plötzlich auftritt, sondern eines, was sich über eine andauernde Zeitspanne hinweg entwickelt. Burnout vollzieht sich somit als Prozess, dessen Anfangsstadium jedoch oft nicht erkannt wird. Dies greift Matthias Burisch in folgender Definition auf, die er als „die elaborierteste und geschliffenste“ (Burisch 2006, S. 19) sieht:

> „Burnout ist ein dauerhafter, negativer, arbeitsbezogener Seelenzustand „normaler“ Individuen. Er ist in erster Linie von Erschöpfung

> gekennzeichnet, begleitet von Unruhe und Anspannung (*distress*), einem Gefühl verringerter Effektivität, gesunkener Motivation und der Entwicklung dysfunktionaler Einstellungen und Verhaltensweisen bei der Arbeit. Diese psychische Verfassung entwickelt sich nach und nach, kann dem betroffenen Menschen aber lange unbemerkt bleiben. Sie resultiert auf einer Fehlanpassung von Intentionen und Berufsrealität. Burnout erhält sich wegen ungünstiger Bewältigungsstrategien, die mit dem Syndrom zusammenhängen, oft selbst aufrecht." (Schaufeli und Enzmann 1998, S. 36, zitiert nach Burisch 2006, S. 19)

In dieser Definition sind viele wichtige Punkte enthalten, etwa dass Burnout etwas negativ Empfundenes ist und nach und nach zu einem Erschöpfungszustand führt. Dennoch ist sie nicht vollständig. Größter Kritikpunkt ist, dass sich diese Definition nur auf die „Berufsrealität" bezieht. Es ist jedoch bekannt, dass auch Arbeitslose an Burnout erkranken können. Im Bezug auf diese Arbeit scheint sie dessen ungeachtet tatsächlich am eindrücklichsten zu sein.

Im Zusammenhang mit Kapitel 2. *Begriffsgeschichte von Burnout* lässt sich sagen, dass es schwierig, wenn nicht sogar unmöglich ist, die unterschiedlichen Definitionen auf einen Nenner zu bringen. Denn je nach dem, was eine Person unter Burnout versteht, fällt die Definition etwas anders aus.

3.3 Gibt es die Diagnose Burnout?

Da es keine anerkannte, allgemein gültige Definition von Burnout gibt, kann auch medizinisches Fachpersonal kaum eindeutig bestimmen, wann eine Patientin, ein Patient unter Burnout leidet und wann nicht:

> „Die Burnout-Forschung kennt mindestens 130 verschiedene Symptome zur Beschreibung von Burnout. Auch das macht die Diagnose und Behandlung so schwierig." (Kypta 2006, S. 51)

Folgende Frage drängt sich auf: Wenn man nicht eindeutig weiß, wie Burnout definiert ist, wie kann dann überhaupt eine medizinische Diagnose gestellt werden? Dies bedarf einiger Überlegungen, die ihre Grundlage in der International Classification of Diseases haben (Klassifikation der psychischen Störungsbilder, kurz: ICD-10). Sie wird von der Weltgesundheitsorganisation herausgegeben und befasst sich mit psychischen und psychosomatischen Auffälligkeiten, die keinen klaren organischen Hintergrund aufzeigen. Es ist in der ICD-10 also nicht von Krankheiten, sondern von Störungen die Rede. In der 10. Ausgabe wurde Burnout erstmals mit aufgeführt, jedoch nur als Zusatzkategorie in Kapitel XXI: *Faktoren, die den Gesundheitszustand beeinflussen und zur Inanspruchnahme von Gesundheitsdiensten führen (Z)*

Z 73 Probleme verbunden mit Schwierigkeiten bei der Lebensbewältigung
Z 73.0 Erschöpfungssyndrom (Burnout-Syndrom)
Z 73.1 Akzentuierte Persönlichkeitszüge (einschließlich Typ-A-Verhalten)
Z 73.2 Mangel an Entspannung oder Freizeit
Z 73.3 Belastung, nicht anderorts klassifizierbar
Z 73.4 Unzulängliche soziale Fertigkeiten, anderorts nicht klassifizierbar
(vgl. DIMDI 2012)

Burnout ist demnach keine Erkrankung, da die ICD-10 lediglich Störungen beinhaltet. Jedoch wurde Burnout nicht als Störung mit aufgenommen, sondern nur als Faktor, der den Gesundheitszustand beeinflusst. Es gibt also keine eindeutigen Krankheitszeichen und ebenso wenig zählt Burnout zu den Störungsbildern des ICD-10. Ärzte können somit Burnout theoretisch gar nicht als Diagnose stellen. Sind Burnout-Betroffene also gesund? Nein, doch mangelt es noch an wichtigen Grundlagen. Zum einen fehlen epidemiologische Erhebungen – die tatsächlichen Ursachen von Burnout sind noch unbekannt – zum anderen lassen sich die Symptome nicht eindeutig zuweisen, d. h.

> „[e]s ist weder möglich, Burnout sicher zu diagnostizieren, noch, einem Menschen, der sich ausgebrannt fühlt, zu beweisen, dass er kein Burnout(-Syndrom) hat.“ (Hillert/Marwitz 2006, S. 51)

Denn sind sich Betroffene sicher, dass ihre Leiden mit einem Burnout zusammenhängen, wird es für Ärztinnen und Ärzte schwierig, deren Aussagen zu widerlegen.

Grundsätzlich wird eine ärztliche Diagnose gestellt, nachdem die Betroffenen ihre Beschwerden geäußert haben und ein krankheitswertiges Leiden besteht. Menschen, die sich selbst als ausgebrannt erleben, schildern oft Symptome, die im ICD-10 bei emotionalen Störungen aufgelistet sind. Daher liegt es nahe, eine Depressionsdiagnose zu stellen. (vgl. ebd., S. 166) Aufgrund der Schwierigkeit, Burnout von anderen Störungen abzugrenzen, werden zwar die Symptome von Burnout behandelt, häufig jedoch unter der Diagnose „Depression“.

3.4 Eingrenzungsmöglichkeiten

Wie verläuft der Prozess, durch den ehemals sehr motivierte, engagierte Menschen ihre Energie verlieren? Da es schwierig ist, eine handhabbare Definition zu finden und auch die ICD-10 das Burnout nicht näher beschreibt, wird in diesem Kapitel Burnout durch das Schildern der Ursachen, Symptome und des Verlaufs genauer betrachtet und eingegrenzt. Denn in diesen Punkten herrscht eine gewisse Übereinstimmung bei den Autorinnen und Autoren. (vgl. Burisch 2006, S. 20)

> „Es ist viel leichter, das ‚Ausgebranntsein' von im Sozialbereich Tätigen zu beobachten und zu beschreiben, als es zu definieren." (Edelwich/Brodsky 1984, zitiert nach Wagner 1993, S. 11)

Zunächst ist es wichtig, die Symptome genauer zu betrachten, da diese das eigentliche Burnout offenkundig machen.

3.4.1 Symptome von Burnout

Der Organisationspsychologe Cary Cherniss hat viele Anzeichen für Burnout zusammengefasst, die auch heute noch häufig von anderen Autoren genannt werden, wenn versucht wird, die Symptome von Burnout zu erfassen. Cherniss zufolge hat ein Burnout seinen Ursprung in der Arbeitsorganisation. Demnach hängen die meisten Symptome mit Gefühlen oder besonderen Verhaltensweisen während der Arbeit zusammen. Doch finden sich ebenso körperliche Anzeichen in seiner Aufzählung wieder. Um die große Bandbreite von Burnout besser verstehen zu können, folgt ein Zitat mit Cherniss' Symptom-Aufzählung:

> „(…) großer Widerstand, täglich zur Arbeit zu gehen; Gefühle des Versagens; Ärger und Widerwillen; Schuldgefühle; Entmutigung und Gleichgültigkeit; Negativismus; Isolierung und Rückzug; tägliche Gefühle von Müdigkeit und Erschöpfung; häufiges ‚nach der Uhr sehen'; große Müdigkeit nach der Arbeit; Verlust von positiven Gefühlen den Klienten gegenüber; Verschieben von Klientenkontakten; Widerstand gegen Anrufe und Besuche von Klienten; Stereotypisierung von Klienten; Unfähigkeit, sich auf Klienten zu konzentrieren oder ihnen zuzuhören; sich unbeweglich fühlen; Zynismus und tadelnde Einstellung den Klienten gegenüber; zunehmender ‚Dienst nach Vorschrift'; Schlafstörungen; Vermeidung von Arbeits-

> diskussionen mit Kollegen; mit sich selbst beschäftigt sein; größere Billigung von Mitteln zur Kontrolle des Verhaltens (z. B. Tranquilizer); häufige Erkältungen und Grippe: häufige Kopfschmerzen und Magen-Darm-Beschwerden; Rigidität im Denken und Widerstand gegen Veränderungen; Misstrauen und paranoide Vorstellungen; exzessiver Drogengebrauch; Ehe- und Familienprobleme; häufiges fehlen am Arbeitsplatz." (Cherniss 1980; zitiert nach Enzmann/ Kleiber 1989, S. 19)

Diese Aufzählung ist sehr umfangreich, jedoch sehr auf die Arbeit bezogen. Daher werden nicht alle Anzeichen für eine Burnout-Krise genannt. Dennoch lässt dieses Zitat erkennen, wie schwierig es ist, Burnout in einfachen Worten vollständig zu erfassen. Etliche Symptome scheinen auf ein Burnout hinzudeuten, was die Komplexität des Ganzen deutlich werden lässt. Die Sozialpsychologin Christina Maslach fasste die Symptome für Burnout in drei Kategorien zusammen, die weit verbreitet und wesentlich überschaubarer sind, als die Aufzählung von Cherniss:

1. *Emotionale Erschöpfung* (Symptome im Zusammenhang mit der Persönlichkeit: Überforderung, Erschöpfung, Frustration, Anspannung, Antriebsschwäche)
2. *Depersonalisierung* (Symptome im Zusammenhang mit Klienten: negative, gleichgültige, distanzierte, zynische Einstellung den Klienten/Patienten gegenüber)
3. *Reduzierte persönliche Leistungsfähigkeit* (Symptome im Zusammenhang mit Arbeitsaufgaben: Betroffene haben das Gefühl, dass ihre Leistung nachlässt, z. B. Konzentrations- oder Durchhaltefähigkeit. Geben sich oft selbst die Schuld, Sinnentleerung, erleben von Misserfolg) (vgl. Hillert/Marwitz 2006, S. 13)

Maslach gliedert Burnout in drei Bereiche: persönliche, klienten- und arbeitsbezogene Symptome. Für sie ist Burnout ein Phänomen, das sich in allen Bereichen wiederspiegelt und somit noch komplexer wird, als es Cherniss beschrieben hat.

Vergleicht man Symptome, die verschiedene Autorinnen und Autoren beschreiben, so ist das Symptombild sehr weitreichend, aber auch überraschend deckungsgleich. Burisch hat in seinem Werk versucht, alle bekannten Symptome zu ordnen, um einen „umfassende[n] Überblick [zu erhalten], der sowohl ‚Wald' als auch ‚Bäume' erkennen lässt." (Burisch 2006, S. 25) Da eine Auflistung den

Rahmen dieser Arbeit sprengen würde, wird an dieser Stelle lediglich auf die Seiten 25-34 seines Werks (Burisch 2006) verwiesen.

3.4.2 Messung von Burnout

Wie beurteilt man nun eine solche Vielzahl von Symptomen? Haben nicht alle Menschen Tage, an denen sie morgens gerne im Bett bleiben würden oder bei der Arbeit häufig auf die Uhr sehen und sich auf den Feierabend freuen? Bei der Bewertung der Symptome kommt es daher auf die Häufigkeit und die Intensität an, in der sie auftreten. Je mehr Symptome und je intensiver, desto weiter ist der Burnout-Prozess fortgeschritten. Doch wie kann man die Symptome messen? Man findet sowohl in Zeitschriften als auch im Internet diverse Fragebögen zur Burnout-Messung, meist mit Titeln wie ‚Sind Sie ausgebrannt?', ‚Leiden Sie unter Burnout?' oder ‚Wie Burnout gefährdet sind Sie?'. Wie aussagekräftig und verlässlich diese Tests sind, sei dahingestellt. Da die Messung von Burnout jedoch eine ganz zentrale Funktion hat, werden im Folgenden die drei bekanntesten Messinstrumente kurz dargestellt, die aus umfangreichen Burnout-Studien entwickelt wurden und in der Praxis häufig Anwendung finden:

1. Staff Burnout Scale for Health Professionals (SBS-HP) von Jones (1982)
2. Maslach Burnout Inventory (MBI) von Maslach und Jackson (1981)
3. Überdrußskala (Tedium-Measure) Arson, Pines und Kafry (1983)

Betrachtet man diese drei Messinstrumente genauer, stellt man fest, dass die Fragen aus den oben genannten Symptomen entwickelt wurden. Diese Anzeichen müssen nach ihrer Häufigkeit beurteilt werden. Die Befragten sollen ankreuzen, ob die Aussagen des Fragebogens auf sie zutreffen und in welchem Ausmaß. Beim SBS-HP müssen z. B. 30 Fragen anhand einer Skala (1=stimmt vollständig, …, 6=stimmt überhaupt nicht) beantwortet werden.

Christina Maslach orientierte sich beim MBI an ihren Voruntersuchungen. Daher beziehen sich auch ihre Fragen auf die Symptome von Burnout, und zwar auf die drei Hauptsymptome (s. o.). Bei der ersten Version des MBI wurde nicht nur die Häufigkeit, sondern auch die Intensität beurteilt. Beispielsweise musste bei der Aussage ‚Meine Arbeit frustriert mich' zunächst die Häufigkeit eingeschätzt werden (1=einige Male im Jahr und seltener; …; 6=täglich) und anschließend die Intensität (1=sehr schwach, kaum wahrnehmbar; ...; 6=bedeutend, sehr stark). In einer späteren Version gibt es diese Intensitätsskala nicht mehr, da beide Skalen zusammen „hoch korreliert waren" (Burisch 2006, S. 34). Das MBI wurde zu dem „Exportschlager der Burnout-Forschung" (Hillert/Marwitz

2006, S. 83). In viele Sprachen übersetzt, war das MBI leicht zugänglich und wurde sozusagen zum Selbstläufer. Von Beginn an wurde der Fragebogen häufig eingesetzt und wird bis heute routinemäßig gebraucht.

Trotz der vielfachen Verwendung des MBI gibt es einige Kritikpunkte daran. Ein besonderes Problem liegt in der Überlappung mit anderen Messinstrumenten, die beispielsweise eingesetzt werden, um Stress oder Arbeitsunzufriedenheit zu messen. Denn dadurch wird nicht klar, was das MBI überhaupt misst, ob es tatsächlich ein Burnout identifiziert oder lediglich Symptome von Stress oder Depressionen. Möchten Ärztinnen oder Ärzte jedoch explizit Depressionen oder Stress erfragen, würden sie etabliertere und solidere Testverfahren, die durchaus vorhanden sind, verwenden. Ein weiterer Kritikpunkt liegt in den Burnout-Werten begründet. Füllt eine Person den Fragebogen aus, erhält sie am Ende ein Ergebnis, welches auf die Gefährdung von Burnout hinweist. Es sind jedoch keine Grenzwerte definiert, sodass man mit den MBI-Werten eigentlich keine garantierten Aussagen über ein erhöhtes Burnout-Risiko machen kann. Dies wird in der Praxis jedoch in den meisten Fällen ignoriert. (vgl. ebd., S. 119)

Der Tedium-Measure (TM) bzw. die Überdrußskala – später auch Burnout-Measure (BM) genannt – kann von der Testperson nicht nur selbst bearbeitet, sondern auch selbst ausgewertet werden und das in wenigen Minuten. Bei der Überdrußskala muss beispielsweise die Aussage ‚Ich bin müde' anhand einer Skala (1=niemals, …, 7=immer) bewertet werden. Burnout wird hier nicht spezifisch gemessen, sondern als eine Form des Überdrusses, den die Autorinnen wie folgt einschätzen: „Wenn ihr errechneter Wert zwischen 2 und 3 liegt, geht es Ihnen gut (…). Wenn Sie einen Wert zwischen 3 und 4 errechnet haben, erleben Sie Ausbrennen oder Überdruß und Sie müssen unbedingt etwas dagegen unternehmen. Wenn ihr errechneter Wert höher als 5 liegt, ist die Krise akut und Sie benötigen dringend Hilfe." (Aronson/Pines/Kafry 1983, S. 49) Doch auch hier stellt sich die Frage, ähnlich dem MBI, was tatsächlich gemessen wird. Denn beim TM wird ebenfalls nicht das komplexe Konstrukt Burnout erfasst, da es auch hier Überschneidungen mit anderen Messinstrumenten, die beispielsweise Depressionen oder Stress messen, gibt. Aus wissenschaftlicher Sicht ist der TM somit eher überflüssig, da man anhand der Messwerte keine klaren Aussagen machen kann, ob nun ein Burnout gemessen wurde oder nicht. Demzufolge hat auch der zweite äußerst populäre und bis heute weit verbreitete ‚Burnout-Test' aus wissenschaftlicher Sicht keinen Anspruch auf Vollständigkeit. Warum er dennoch häufig genutzt wird, liegt wohl in seiner leichten Handhabbarkeit begründet. (vgl. Hillert/Marwitz 2006, S. 100)

Trotz dieser Kritik ist es gut, solche Fragebögen verwenden zu können. Zwar müssen ihre Ergebnisse genau hinterfragt werden, tatsächlich bewirken sie bei einzelnen Betroffenen durchaus Anregungen im Sinne von „vielleicht sollte ich einen Gang zurück schalten“ oder gar die Einsicht, ärztlichen Rat zu suchen.

In vielen Veröffentlichungen über Burnout wird dieser wissenschaftlich-empirische Teil häufig übergangen. Wer sich mit Burnout beschäftigt, sollte sich ebenso mit dessen Messung und Erfragung auseinandersetzen, denn die Fragebögen leisten einen wesentlichen Beitrag für die Burnout-Forschung. Schließlich wurde durch die große Popularität des MBI Burnout immer mehr zu dem, was das MBI misst. (vgl. ebd., S. 83)

Letztendlich gewährleistet keiner der Fragebögen eine verlässliche Messung der Burnout-Gefährdung. Die Kritik an den am häufigsten verwendeten Messinstrumenten darf bei der Forschung nicht vernachlässigt werden. Bezieht man sich bei einer Befragung, ungeachtet der Schwachstellen, auf MBI und TM, wird das Ergebnis weitgehend dem Stand der Burnout-Forschung von vor 30 Jahren entsprechen. Denn beide Messinstrumente wurden nie wesentlich weiterentwickelt, was auch ein Grund dafür ist, dass sie die Burnout-Forschung nicht nennenswert vorangetrieben haben. (vgl. ebd., S. 127-128)

3.4.3 Verlauf von Burnout

Nachdem die Vielfalt der Symptome und deren Messung beleuchtet wurden, wird nun der Verlauf näher betrachtet. Da sich nahezu alle Verlaufsmodelle nicht auf empirische Studien beziehen, sondern auf das Auftreten von Symptomen, war es wichtig, diese zuvor darzustellen. Der Verlauf von Burnout wird in mehreren Modellen beschrieben, doch ist deren Inhalt bei näherer Betrachtung erstaunlich ähnlich. Allerdings unterscheiden sie sich meist in der Anzahl der Phasen oder Stadien, die Betroffene durchlaufen, wobei man davon ausgeht „(…), dass (…) nur ein gewisser Anteil [der Betroffenen] die ‚typischen‘ Verlaufsformen zeigt.“ (Burisch 2006, S. 41) Daher ist bei allen Phasenmodellen zu beachten, dass es keine Reihenfolge gibt, die immer gleich abläuft. Burnout kann in unterschiedlichen Phasen beginnen, es können Phasen ausbleiben oder mehrfach durchlaufen werden. Im Folgenden werden beispielhaft zwei Modelle beschrieben.

3.4.3.1 Verlaufsmodell nach Schmidbauer

Wolfgang Schmidbauer ist deutscher Psychoanalytiker und Autor. In seinem Werk „Helfersyndrom und Burnout-Gefahr“ beschreibt er den Verlauf von Burnout anhand von lediglich drei Phasen: Anfangs-, Einbruch- und Abbauphase:

Anfangsphase:
- Überengagement; Betroffene verzichten auf Pausen und Erholungsphasen (Freizeit) und ignorieren ihre Bedürfnisse
- Betroffene sind aktiv und fühlen sich unverzichtbar, was Rivalitäten unter Kollegen hervorrufen kann

Einbruchphase:
- Betroffene bekommen Aggressionen gegenüber sich selbst oder Kollegen
- Chronische Müdigkeit; Betroffene können sich auch im Urlaub nicht erholen, haben keine Motivation mehr arbeiten zu gehen, merken, dass sie sich zu hohe Ziele gesteckt haben
- Betroffene reden sich ein, unterprivilegiert zu sein, begründen damit das Krankmachen

Abbauphase:
- Keine Begeisterung mehr der Arbeit gegenüber, Leistung nimmt ab
- Chronische Leiden; bspw. Schlaflosigkeit oder Rückenschmerzen
- Gefahr eine Sucht zu entwickeln nimmt zu
- Betroffene ziehen sich zurück, auch im Privatleben, oft ein Grund für eine Trennung

Schmidbauer führt zusätzlich zu den drei Phasen noch einen weiteren Aspekt auf:

Kompensierter Burnout:
- Wenn Betroffene nur noch ‚Dienst nach Vorschrift‘ leisten, verwenden sie Ausreden und wälzen die Verantwortung auf Kollegen ab
- Versuchen die Kollegen, das fehlende Engagement auszugleichen, besteht die Gefahr, dass sie sich selbst überlasten und der Verlust der Leistungsbereitschaft droht. (vgl. Schmidbauer 2002, S. 15-18)

Dieser Phasenverlauf bietet einen Überblick, wie sich Burnout entwickeln kann. Schmidbauer beginnt zunächst mit einer Phase, in der die Betroffenen von Motivation gekennzeichnet und noch voll leistungsfähig sind. Erst in der zweiten Phase kommt es zur Überforderung und in der letzten schließlich zum Rückzug. Interessant ist, dass der Autor zuletzt noch das kompensierte Burnout aufgreift. Schmidbauer geht also davon aus, dass sich durch die Burnout-Erkrankung einer

Mitarbeiterin, eines Mitarbeiters auch Kolleginnen und Kollegen, die versuchen, die Betroffenen zu unterstützen, in die Gefahr begeben, selbst zu erkranken. Ob dies in der Praxis tatsächlich der Fall ist, wurde noch nicht bestätigt. Da berufstätige Betroffene aber in den meisten Fällen bis zur totalen Erschöpfung in einem Betrieb arbeiten und sehr selten gekündigt werden, kann man sich ausmalen, dass es im Kollegium eine große Belastung darstellen kann.

3.4.3.2 Verlaufsmodell nach Freudenberger und North

Die Inhalte von Schmidbauer tauchen auch im Modell von Freudenberger und North wieder auf. Jedoch werden in deren Modell die Symptome in 12 verschiedene Phasen eingeteilt (daher auch der Name „12-Phasenmodell"), sodass man eine Vorstellung davon bekommt, was jemand mit Burnout erlebt. Wie oben erwähnt, ist bei diesem Phasenmodell wichtig, dass es keine bestimmte Reihenfolge gibt, in der die Phasen ablaufen, auch wenn die Stadien von 1 bis 12 durchnummeriert sind. Sie vermischen sich in der Praxis häufig oder überschneiden sich. Ebenso ist es möglich, dass Phasen ausbleiben oder dass sich Betroffene in mehreren Stadien gleichzeitig befinden.

Das 12-Phasenmodell
(„Burnout-Zyklus", vgl. Freudenberger/North 1992, S. 123)

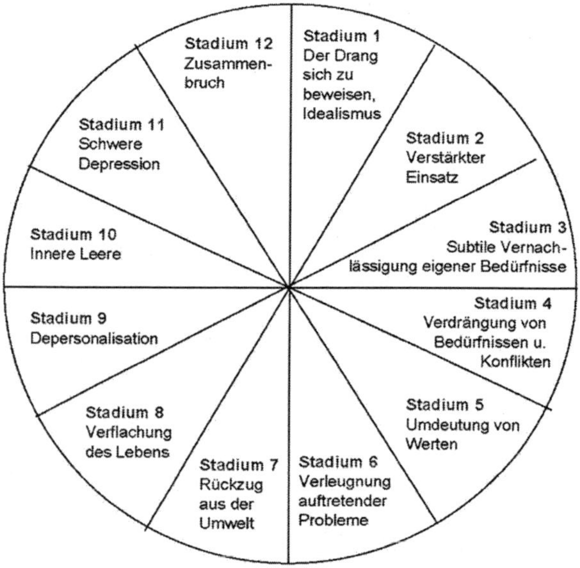

1. Stadium: Zwang sich selbst zu beweisen
Dieses Stadium ist schwer zu erkennen, da jeder Mensch einmal erfolgreich sein will und sich beweisen möchte. Doch wenn der Ehrgeiz und die Verbissenheit übertrieben und zwanghaft werden, befindet man sich womöglich in diesem Stadium des Burnout-Zyklus.

2. Stadium: Verstärkter Einsatz
Der Burnout-Gefährdete versucht, seine Kompetenzen zu erweitern. Er versucht in weniger Zeit mehr zu erledigen und dabei keine Fehler zu machen. Er wird zum Perfektionist, der Angst hat, die Kontrolle zu verlieren.

3. Stadium: Subtile Vernachlässigung der eigenen Bedürfnisse
Die Arbeit beherrscht den Betroffenen. Er merkt, dass er viel Energie und Zeit für die Erledigung der Aufgaben braucht und fährt daher kleinere Pflichten zurück. Dies betrifft nicht nur das Pausen nehmen und die Ernährung, was plötzlich als überflüssig und nebensächlich erachtet wird, sondern häufig werden auch soziale Kontakte im Privatleben nicht mehr gepflegt. Jedoch ist dieser Verzicht nichts Negatives für den Betroffenen, da er im Beruf positiven Erfolg hat.

4. Stadium: Verdrängen von Konflikten und Bedürfnissen
Die hohen Ansprüche, die man an die eigene Person hat, verlangen volle Leistung. Der Betroffene merkt in diesem Stadium, dass er eigentlich eine Pause braucht. Diese gesteht er sich aber nicht ein, stattdessen stellt er die eigenen Bedürfnisse hinten an. Er verheimlicht, wie es tatsächlich in ihm aussieht und beginnt sich zurückzuziehen, damit niemand seine Anspannung bemerkt. Kritik an der eigenen Person ist unerwünscht, und auf Konflikte kann nicht eingegangen werden. Diese werden verdrängt und ignoriert. In dieser Phase ist die Gefahr groß, dass sich Suchtverhalten abzeichnet.

5. Stadium: Umdeuten von Werten
Durch den Rückzug, die Isolation und das Verdrängen eigener Bedürfnisse kann sich die Wahrnehmung verändern. Werte, die bisher gegolten haben, werden umgedeutet. Was einmal wichtig war (Freunde, Hobbies, ...), wird entwertet und einzig wichtig ist der Job, dem alles andere untergeordnet wird. Der Betroffene ist emotional desorientiert und stumpft immer mehr ab. Er kann Wichtiges von Unwichtigem nicht mehr richtig trennen.

6. Stadium: Verstärkte Verleugnung der aufgetretenen Probleme
Die Verleugnung ist als eine Art Schutzmechanismus zu verstehen und läuft oft unbewusst ab. Probleme werden ignoriert, wodurch auch das Burnout verleugnet

werden kann. Der Betroffene ist in dieser Phase sehr intolerant. Soziale Kontakte kann er kaum noch ertragen; alle anderen betitelt er als dumm, faul und undiszipliniert. In der Sozialen Arbeit werden Klientenkontakte als lästig empfunden. Probleme wie Zynismus und Aggressionen verstärken sich durch das Verdrängen persönlicher Bedürfnisse. Dennoch werden als Grund für die Probleme das Arbeitspensum und der Zeitdruck verantwortlich gemacht und nicht das Burnout.

7. Stadium: Rückzug
Betroffene reduzieren persönliche und berufliche Kontakte auf ein Minimum und ziehen sich zurück. Gefühle von Hoffnungslosigkeit und Orientierungslosigkeit dominieren. Selbst am Wochenende können sich die Betroffenen nicht erholen. Im Beruf wird nur noch sogenannter ‚Dienst nach Vorschrift' geleistet. Routineaufgaben können noch erledigt werden, doch sobald ein Kollege etwas anderes benötigt, wird er als störend empfunden. Betroffene haben kein Interesse mehr an der Arbeit und es kommt zu eigenen Krankschreibungen, allerdings wird der Arzt gemieden. Auch in dieser Phase neigen viele Betroffene dazu, eine Sucht zu entwickeln.

8. Stadium: Für Außenstehende beobachtbare Verhaltensänderung
Nun ist die Wesensveränderung für die Umwelt offensichtlich. Die Menschen, die einmal engagiert und tatkräftig waren, sind nun scheu und alles ist ihnen gleichgültig. Die Betroffenen fühlen sich wertlos, wollen aber auch keine Zuwendung von den Mitmenschen. In dieser Phase muss unbedingt etwas passieren und dem Betroffenen geholfen werden.

9. Stadium: Depersonalisation, Verlust des Gefühls für die eigene Persönlichkeit
In dieser Phase hat der Betroffene kein Gefühl mehr für seine eigene Persönlichkeit. Er nimmt die eigenen Bedürfnisse überhaupt nicht mehr wahr. Er lebt in einer leeren Hülle, denkt und fühlt nichts.

10. Stadium: Innere Leere
Die innere Leere wird immer stärker und ist kaum auszuhalten. Die Betroffenen haben ein Gefühl von Nutzlosigkeit und sind kraftlos. Dennoch versuchen sie, die innere Leere zu überbrücken. Sie suchen verkrampft nach einem Kick und nach Beschäftigung; z. B. gehen sie in die Disko, machen einen Bungee-Sprung, oder sie reagieren mit gesteigerter Sexualität oder unverhältnismäßigem Essen. Die Betroffenen wollen irgendwie auftanken, doch gelingt es ihnen nicht.

11. Stadium: Depression
Die Gefühle, die noch wahrgenommen werden können, sind Verzweiflung und Erschöpfung. Den Betroffenen ist in dieser Phase alles egal, sie wünschen sich eine Art Dauerschlaf. Die Symptome einer Depression können vollends auftreten und das Leben hat in den Augen der Betroffenen den Sinn verloren.

12. Stadium: Völlige Erschöpfung
Die Erschöpfung wird in dieser Phase lebensbedrohlich, da Suizid-Gedanken aufkommen. Wenn noch kein ärztlicher Kontakt besteht, muss spätestens hier die Hilfe in Anspruch genommen werden, denn wenn den Betroffenen jetzt nicht geholfen wird, kann es im Suizid enden.
(vgl. Freudenberger/North 1992, S. 12)

Freudenberger und North beginnen wie Schmidbauer zunächst den Zustand engagierter Mitarbeitender zu beschreiben, die noch nicht überfordert sind. Bis zum 12. Stadium ist der Verlauf sehr ähnlich, doch in diesem Fall viel ausführlicher. Durch die größere Anzahl an Phasen kann man sich nun deutlicher vorstellen, wie der Verlauf variieren kann.

Es gibt noch viele weitere Modelle, die den Verlauf von Burnout beschreiben. Beispielsweise hat Matthias Burisch einen Ablauf von 7 Phasen aus seiner Burnout-Symptomatik hergeleitet. Inhaltlich weicht er jedoch nicht stark von Freudenberger und North ab.

In vielen Publikationen wurde versucht, eine Übersicht über den Prozess zu entwickeln. Manche beginnen mit einer Phase, die noch im gesunden Bereich liegt, sodass Betroffene noch begeistert und motiviert sind, andere starten mit einer Phase der Erschöpfung. Inhaltlich gibt es dennoch viele Übereinstimmungen. Die Phasenmodelle an sich sind daher recht schlüssig, doch treffen sie nicht generell auf alle Betroffenen gleichermaßen zu, zumal sich Burnout sehr unterschiedlich entwickeln kann. Auch gibt es keine Verlaufsuntersuchungen, die eines der Phasenmodelle bestätigen würden. Die individuellen Burnout-Entwicklungen sind so verschiedenartig, dass die Stadien oder Phasen praktisch nicht eindeutig zu identifizieren sind. Insgesamt bieten die Modelle jeweils einen Überblick, doch sollte man sie nicht als absolut betrachten, da sie sich auf eine Vielzahl von Symptomen beziehen, die bei einzelnen Betroffenen in anderer Form auftreten können. Auch die tatsächlichen Ursachen werden bei den Phasenmodellen nicht mit einbezogen.

3.4.4 Mögliche Ursachen von Burnout

Dass die Verlaufsmodelle eng mit den Symptomen zusammenhängen und dass theoretisch alle von Burnout betroffen sein können, wurde im letzten Abschnitt deutlich. Es stellt sich die Frage nach den Ursachen für dieses umfassende Phänomen Burnout. Betrachtet man die einschlägige Fachliteratur, findet man hierzu unterschiedliche Meinungen, die sich wie folgt einordnen lassen: Zum einen in umfeldorientierte Erklärungsansätze (soziologisch-sozialwissenschaftliche und arbeits- und organisationspsychologische Ansätze, die z. B. von Cherniss, Maslach und Jackson repräsentiert werden). Zum anderen in persönlichkeitszentrierte Erklärungsansätze, wie sie Herbert Freudenberger und Matthias Burisch vertreten. Im Folgenden werden diese Erklärungsansätze beschrieben und erläutert.

3.4.4.1 Sozial-, arbeits- und organisationspsychologische Ansätze

Bei diesem Ansatz handelt es sich insgesamt um sogenannte personenexterne Faktoren. Diese beinhalten äußere Umstände, die bei der Entstehung von Burnout eine Rolle spielen. Beim arbeits- und organisationspsychologischen Ansatz werden besonders die allgemeinen Arbeitsbedingungen und Organisationsstrukturen fokussiert. So kann z. B. eine berufliche Veränderung (seien es neue Aufgaben, ein neuer Job oder Chef) oder die hohe Belastung bei der Arbeit, die nicht wertgeschätzt wird (zu wenig positives Feedback/Entlohnung) das Burnout fördern. Weitere äußere Burnout-Risiken können sein:

- mangelnde Unterstützung und Ressourcen
  (Personalkapazität, Finanzmittel,...)
- mangelnde Strukturen und Rahmenbedingungen
- schlechte Teamarbeit und Kommunikation
  (Konflikte unter Kollegen und Vorgesetzten, Kompetenzgerangel,...)
- Überforderung
  (Termindruck, Arbeitsmenge, Verantwortung, wechselnde Aufgaben,...)
- Unterforderung
  (fehlender Handlungsspielraum, keine Herausforderungen,...)
- mangelnde Entlohnung/geringer Verdienst
  (drückt Geringschätzung aus)
- drohender Arbeitsplatzverlust/Angst vor Kündigung und Arbeitslosigkeit.
  (vgl. Zedler 10/2010)

Diese und weitere Arbeitsbedingungen oder die Organisationsstruktur können zum (inneren) Rückzug von der Arbeit und den Aufgaben führen und letztlich zum Ausbrennen.

Zu den soziologisch-sozialwissenschaftlichen Ursachen zählt zum Beispiel der Wandel der Gesellschaft bzw. derer Werte und Normen. Dies zeigt sich z. B. durch Angst vor Arbeitslosigkeit, Veränderungen in der Organisation von Familie und Beruf oder fehlende Unterstützung aus dem Umfeld (s. Kapitel 4. *Burnout in der Gesellschaft*). Beide Ansätze hängen stark zusammen, da sich Arbeitsbedingungen und Organisationsstrukturen oft wechselseitig mit dem Wandel der Gesellschaft entwickeln. So leiden z. B. viele Arbeitnehmende unter Zeitdruck, Mobbing, wachsender Verantwortung, was u. a. durch den technischen Fortschritt, der eine ständige Erreichbarkeit über E-Mail, Smartphone oder Tablet-PCs ermöglicht, noch verstärkt wurde. Ursachen von Burnout liegen also sowohl bei schlechten Arbeitsbedingungen/-strukturen, als auch im Wandel der Gesellschaft.

Nun reicht es jedoch nicht aus, nur diese Auslöser zu betrachten. Schließlich erkranken nicht eine ganze Abteilung oder eine komplette Einrichtung, sondern einzelne Personen. Andere hingegen scheinen immun gegen Burnout zu sein; beispielsweise ist es möglich, dass Mitarbeitende unter den gleichen Bedingungen beschäftigt sind, aber nur eine Einzelne, ein Einzelner an Burnout erkrankt und die anderen nicht. Es ist daher wichtig, auch die personeninternen Umstände zu betrachten.

3.4.4.2 Der persönlichkeitszentrierte Ansatz

Bei diesem Ansatz wird die Persönlichkeit des Menschen in den Blick genommen. Denn ob jemand an Burnout erkrankt, hängt auch mit seiner persönlichen Belastbarkeit, der Persönlichkeitsstruktur und mit den inneren Ängsten und Wünschen zusammen. So fühlt sich z. B. jeder Mensch in einer anderen Situation gestresst. Der eine bei zu lauter Musik, der andere bei Kindergeschrei. Und so spielt es auch bei Burnout eine zentrale Rolle, ab wann eine Person an ihrer persönlichen Belastungsgrenze angelangt ist. Ebenso geht jeder Mensch anders mit Belastungen um. Der eine schafft sich einen positiven Ausgleich, der andere fühlt sich gestresst, überfordert und brennt womöglich nach und nach aus. Daher gibt es Typen, die eher zu einem Burnout neigen als andere.

Personen, die auf der einen Seite sehr hohe Ideale verfolgen, also einen sehr hohen Leistungsanspruch an sich selbst stellen und einen ausgeprägten Perfektionismus und Ehrgeiz pflegen, haben auf der anderen Seite häufig Versagensängste, wie beispielsweise Angst vor Kritik oder Angst, etwas nicht zu schaffen. Problematisch wird es, wenn eine Diskrepanz zwischen den eigenen Idealen und der tatsächlich vorgefundenen Realität besteht. Wünsche, wie der Beste zu sein, Erfolg zu haben, etwas zu bewirken, Anerkennung und Wertschätzung zu erhalten, werden oft begleitet von Ängsten, wie den Erwartungen nicht entsprechen zu können, in der Masse unterzugehen und Gesichtsverlust. Personen, die krankhaft ehrgeizig sind, sich zu hohe Ziele stecken, nicht nein sagen können, da sie versuchen es jedem Recht zu machen und sich nicht distanzieren können, überschätzen sich oft selbst, neigen dazu, die eigenen Bedürfnisse langfristig zu ignorieren, missachten Warnsignale des Körpers und laufen letztendlich Gefahr an Burnout zu erkranken. (vgl. Zedler 10/2010)

Im Rückgriff auf die Definition von Freudenberger und Richelson (s. Kapitel 2.3 *Definition von Burnout*) erkennt man, dass genau das Problem der Diskrepanz zwischen Zielsetzung und dem, was erreicht wurde, also die unrealistischen Erwartungen einer Person, zum besagten Kraftaufwand und Energieverlust führen und somit Ursache für Burnout sein können. Doch schwingt in der Definition nicht nur der persönlichkeitsorientierte Ansatz mit, sondern auch der gesellschaftliche Einfluss. Denn auch durch die Gesellschaft werden zum einen Zielsetzungen vorgegeben, zum anderen individuelle Ziele beeinflusst. Aus diesem Grund ist es unausweichlich, beide Aspekte, die personeninternen wie -externen, zusammen zu betrachten.

3.4.4.3 Zusammenspiel der beiden Ansätze

Sucht man nach den Ursachen für Burnout, muss man demzufolge beide Komponenten verbinden. Denn weder an den äußeren Umständen noch bei der Person allein liegt die Ursache für Burnout. Erst, wenn personenexterne (äußere Umstände) und personeninterne (Wünsche, Ziele, Ängste) Faktoren aufeinandertreffen und eine Überlastung mit sich bringen, kann nach einem schleichenden Prozess schließlich der Zustand des Ausgebranntseins eintreten. (vgl. Burnout Fachberatung 2012) Dies wurde beim MBI bereits berücksichtigt, denn dort gibt es Fragen bezüglich Individuum, Klientenkontakt und Arbeitssituation. Es gibt beim Burnout somit keine einzelne Ursache, die verantwortlich für das Ausbrennen ist, sondern es ist immer ein Zusammenspiel zwischen vielen verschiedenen Faktoren, welche personen- und situationsabhängig sind. Die Ursachen eines Burnouts sind folglich individuell verschieden. Bisher gibt es keine empirischen Studien, die bestimmte Ursachen als erwiesen begründen könnten. Man kann sie daher ebenso wenig wie die Symptome festlegen.

4. Burnout in der Gesellschaft

Personenexterne Umstände können eine Ursache sein, dass jemand an Burnout erkrankt. Inwiefern ist die Gesellschaft mit schuld an den Burnout-Fällen? Im Folgenden werden zunächst einige Faktoren dargestellt, die Aufschluss darüber geben, wie bedrohlich Burnout tatsächlich ist. Anschließend wird auf den Wandel der Gesellschaft und die Ökonomisierung des Sozialen eingegangen. Darauf folgt eine Zusammenfassung, wie Burnout in der Gesellschaft diskutiert wird.

4.1 Statistische Daten und Fakten

Sucht man in der Literatur nach Daten und Fakten, begegnet man vielen Spekulationen. In Zeitschriften werden die Zahlen von Burnout-Erkrankungen dramatisch gehoben, in anerkannten Studien taucht Burnout oft gar nicht auf. Zunächst einmal ist es also schwierig, überhaupt eine Auskunft über die Anzahl von Burnout-Fällen zu finden.

Nahezu alle Krankenkassen geben Gesundheitsreporte für das vergangene Jahr ab, welche im Internet leicht zu finden sind. Diese Reporte beziehen sich auf die Versicherten einer Kasse, die aktiv erwerbstätig waren. Um die aktuellen Zahlen tatsächlich mit Zahlen vergangener Jahre vergleichen zu können, wird anschließend lediglich der Gesundheitsreport der DAK herangezogen. Dort ist, wie in anderen Reporten auch, Burnout zwar nicht separat aufgeführt, doch wird die Häufigkeit von psychischen Erkrankungen berechnet. In vielen Artikeln wird dies falsch interpretiert, da die Zahlen der psychischen Erkrankungen oftmals einfach mit Burnout gleichgesetzt werden, was eine falsche Vorgehensweise ist. Weil Burnout aber häufig unter der Diagnose Depression behandelt wird, sind einige Burnout-Fälle bei den psychischen Erkrankungen mit eingerechnet.

Es gibt allerdings keine konkrete Burnout-Fallzahl. Sucht man speziell danach, findet man lediglich Schätzungen. Diese reichen von ca. 8 bis 11 Millionen Burnout-Betroffenen. Das Statistische Bundesamt zählte im März 2012 41,212 Millionen Erwerbstätige. (vgl. Destatis) Es wäre demnach bis zu einem Viertel aller Erwerbstätigen von Burnout betroffen, eine nicht zu vernachlässigende Größe. (vgl. Starkmann Coaching und Apothekenumschau) Doch sind dies keine sehr verlässlichen Zahlen. Daher folgen nun die Ergebnisse des Gesundheitsreports, die zwar Burnout nicht speziell auflisten, aber auf Fakten und nicht auf Schätzungen basieren.

In den Jahren 1997 bis 2004 sind die Arbeitsunfähigkeitstage (AU-Tage), die Erkrankungsfälle und die Betroffenenquote aufgrund einer psychischen Störung deutlich gestiegen, die Arbeitsunfähigkeitstage beispielsweise um 69 %. (vgl. DAK 2005, S. 43) Im Jahr 2010 stehen psychische Erkrankungen mit 12,1 % des Gesamtkrankenstandes an vierter Stelle der wichtigsten Krankheitsarten. (vgl. DAK 2011, S. 27) Die Bedeutung der psychischen Störungen ist also weiterhin gestiegen. Bei Frauen stehen an erster Stelle Muskel-Skelett-Erkrankungen, gefolgt von Atmungsstörungen und an dritter Stelle bereits, mit einem Anteil von 14,8 %, die psychischen Erkrankungen. (vgl. DAK 2011, S. 30) Bei Männern stehen sie an vierter Stelle, mit einem Anteil von 10,0 %. (ebd.) Mit zunehmendem Alter (von 15 Jahren: 4,4 % bis 44 Jahren: 14,8 %) steigen die psychischen Erkrankungen kontinuierlich an. Ab dem 45. Lebensjahr (13,4 %) nimmt die relative Bedeutung wieder ab, sodass bei den über 60-jährigen lediglich 10,1 % aller Krankheiten die psychischen ausmachen. (vgl. DAK 2011, S. 32) Wie man sieht, nimmt die Anzahl der psychischen Erkrankungen insgesamt durchaus zu. Bis heute gibt es jedoch keine repräsentativen Langzeitstudien, die einen eindeutigen Zuwachs belegen.

Betrachtet man die Einzeldiagnose „Depressive Episode" nach der auch Burnout häufig behandelt wird, stellt man fest, dass diese an dritter Stelle steht, also nicht zu unterschätzen ist. Auch der Anteil der AU-Tage aufgrund einer psychischen Störung hat 2010 um 1,3 % zugenommen. Für die psychischen Diagnosen allgemein fällt auf, dass ihr Anteil an AU-Tagen also eher hoch ist, die Fallzahlen jedoch eher niedrig sind. Daraus kann man schließen, dass Menschen mit einer psychischen Erkrankung längerfristig arbeitsunfähig sind. (vgl. DAK 2011, S. 35)

Im DAK Gesundheitsreport 2011 wurde der Schwerpunkt auf junge Arbeitnehmende gelegt. Zwei Aspekte, die dabei aufgegriffen wurden, hängen auch mit der Burnout-Thematik zusammen. Zum einen die Belastbarkeit im Beruf, da diese eine wesentliche Voraussetzung ist, um den beruflichen Alltag bewältigen zu können; denn Personen, die unter Dauerbelastung arbeiten, leben mit einem höheren Risiko, gesundheitliche Beschwerden zu bekommen. Die jungen Menschen (unter 25 Jahren) wurden befragt, wie Sie Ihren Arbeitsalltag im Allgemeinen erleben. Ergebnis war, dass 20,2 % den Arbeitsalltag sehr belastend, 50,2 % etwas belastend und 28,5 % eher locker erleben. (vgl. DAK 2011, S. 45)

Interessant ist, dass die Befragten, welche Wochenenddienste, Bereitschaftsdienste oder Schichtarbeit leisten müssen, ihren Arbeitsalltag belastender empfinden als junge Arbeitnehmende mit geregelten Arbeitszeiten von Montag bis Freitag. Hier bestätigt sich, dass die Arbeitsbedingungen und Organisationsstrukturen (s. Kapitel 3.4.4 *Mögliche Ursachen von Burnout*) die Gesundheit von Arbeitnehmenden beeinflussen können.

Der zweite Aspekt behandelt, wie wichtig es die befragten jungen Menschen finden, dass sie Informationen und Beratung zur Gesundheit am Arbeitsplatz bekommen. Das Ergebnis war, dass ungefähr drei Viertel die Aufklärung über Gesundheit als eher wichtig bis sehr wichtig einstuften. (vgl. DAK 2011, S. 104-105)

Daraus lässt sich schließen, dass ein Unterstützungsbedarf vorhanden und Aufklärung erwünscht und notwendig ist. Dadurch kann erreicht werden, dass die jungen Arbeitnehmenden auch in Zukunft arbeitsfähig bleiben. Diese Ergebnisse zeigen, dass die befragten jungen Menschen für die Gesundheitsrisiken im Beruf, wie z. B. Burnout, noch nicht genügend sensibilisiert sind. Die DAK nennt als Möglichkeit beispielsweise Angebote, um Wahrnehmung und Verhalten zu schulen, damit Belastungen besser bewältigt werden können oder die Stärkung der Fähigkeiten, um Stress entgegenzuwirken.

Im Zusammenhang mit den Zahlen für psychische Erkrankungen, zu denen auch das Burnout in gewisser Weise zählt, steht der steigende finanzielle Aufwand. Hier ist sich die Literatur einig: psychische Krankheiten verursachen hohe Kosten. Der Bundesverband der Betriebskrankenkassen meldete, dass der Betrag, der insgesamt durch arbeitsbedingte Erkrankungen oder Frührente anfällt, jährlich bei ca. 44 Milliarden Euro liegt; davon ungefähr 6,3 Milliarden Euro jährlich für psychische Störungen. Wobei sich diese Kosten zum einen aufgrund der Krankheitsbehandlung, zum anderen aufgrund der Produktionsausfälle ergeben. Hinzu kommt, dass Menschen, die aufgrund einer psychischen Erkrankung ausfallen, länger arbeitsunfähig sind, wodurch sich die Kosten noch erhöhen. (vgl. Süddeutsche)

Zusammenfassend lässt sich sagen, dass es schwierig ist, Burnout an Zahlen fest zu machen, weil sich diese überwiegend aus Schätzungen ergeben und die Realität nicht verlässlich wiederspiegeln. Auch die Entwicklung der psychischen Störungen allgemein sollte man hinterfragen, da diese von Veränderungen in der Versorgungssituation (z. B. durch verbesserte Diagnostik) oder auch durch die Wahrnehmung und Bewertung von psychischen Erkrankungen von der Gesellschaft beeinflusst wird. Denn je nachdem welche Einstellung die Menschen zu psychischen Erkrankungen haben, nennen sie Symptome, die mehr oder weniger auf eine psychische Störung hinweisen und akzeptieren die Diagnose unterschiedlich. Es kommt also ebenso darauf an, ob die Gesellschaft Burnout und andere psychische Störungen als Tabu definiert oder als Krankheit akzeptiert. Dies wiederum hängt stark mit der Entwicklung und dem Wandel der Gesellschaft zusammen.

4.2 Wandel der Gesellschaft

Nach dem gesellschaftlichen Wandel von der Agrargesellschaft über die Industriegesellschaft zur Dienstleistungsgesellschaft wurden erste Burnout-Fälle registriert. Die Zusammenhänge sollen im Folgenden genauer betrachtet werden.

Vor der Industrialisierung arbeitete der Großteil der Bevölkerung in der Landwirtschaft. Dies waren in der Regel kleine Familienbetriebe; mehrere Generationen lebten in einem Haus, bewirtschafteten die Felder und sorgten füreinander. Die Menschen arbeiteten sehr hart, häufig von früh morgens bis spät abends, denn anders hätten sie womöglich nicht überlebt. Sie waren auf den eigens erwirtschafteten Ertrag ihrer Felder angewiesen. Mit den ersten technischen Errungenschaften wurde schließlich ein Wandel eingeläutet. Schwere Lasten konnten leichter transportiert werden, Maschinen übernahmen die Arbeiten, die zuvor manuell erledigt wurden. Im Gegenzug wurden auch die Menschen immer mehr zu Maschinen, die produzieren müssen. Der Wert der individuellen Leistung wurde immer weniger geschätzt, da Produktivität und Profit immer wichtiger wurden.

> „Von Arbeit als Lebenssinn und Erfüllung, romantischen Bildern des mittelalterlichen Handwerkmeisters oder des Ackermanns, der froh zur Arbeit auf das Feld eilt und die Furchen abschreitet, hatte sich die zum Kapital umdefinierte Arbeit ideologisch und praktisch weit entfernt.“ (Hillert/Marwitz 2006, S. 187)

Die traditionellen Pflichten verloren dadurch immer mehr an Bedeutsamkeit. Eine Folge davon war, dass sich viele Lebensentwürfe änderten, da viele Menschen durch die Industrialisierung entwurzelt wurden und somit andere Wege als geplant einschlagen mussten. Wo früher die ganze Familie zusammenarbeitete, ging nun bei einem Großteil der Menschen die Harmonie zwischen der Familie und dem Arbeitsplatz verloren. Die Arbeit und das Einkommen definierten immer mehr die Identität der Menschen. Dadurch verlor auch die Familie nach und nach die einstige Funktion. Es gab geregelte Arbeitszeiten die mit einem Glockenschlag anstatt dem Aufgang der Sonne begannen. Auch entschied man nicht mehr selbst, was zu erledigen war, sondern die Vorgesetzten, die den Untergebenen die Arbeiten diktierten. Häufig mussten Arbeiterinnen und Arbeiter nur noch wenige Handgriffe beherrschen, wodurch sie leicht zu ersetzen waren. Die Arbeit hatte mit dem Subjekt nur noch wenig zu tun, wodurch auch viel Potential ungenutzt blieb. Ein Arbeitstag war lang und hart, es gab viele Seuchen und wenig Lohn. Wurde man krank musste man um seine Existenz bangen, da es keine Versicherungen gab. (vgl. ebd. S. 188 ff)

Im Laufe des 19. Jahrhunderts wurden die Arbeitsbedingungen langsam besser, da durch die Renten- und Krankenkassen Sicherheit gewährleistet wurde. So kam es schließlich wieder zu einer Humanisierung der Arbeitswelt. Dies zeigte sich besonders durch mehr Lohn, kürzere Arbeitszeiten, mehr Rechte, mehr Mitbestimmung und mehr Demokratie. Bis in die 70er Jahre war Deutschland eine Industriegesellschaft, doch entwickelten sich neue Formen und Qualitäten der Arbeit.

Es kam zur Globalisierung, wodurch es nahezu keine Grenzen mehr gab. Dies forderte von jedem Menschen ein gewisses Maß an Flexibilität. Ideale Arbeitskräfte mussten nicht mehr nur Befehle ausführen, sie mussten nun mitdenken, brauchten Entscheidungskompetenzen und viele verschiedene Qualitäten. Teamarbeit bekam eine immer größer werdende Bedeutung. Es herrschte jedoch eine Mischung von

> „Zuckerbrot und Peitsche, Motivation, Freiheit, Kontrolle, Konsequenzen und deren teamfähige Umsetzung." (ebd., S. 205)

Alles zielte darauf ab, dass immer weniger Mitarbeitende immer mehr leisten sollten. Damit die Arbeitskräfte nicht mit Streiks antworteten, galt es diese durch Anerkennung, Erfolge und Sozialkontakte zu motivieren.

Gleichzeitig begleitete die Arbeitnehmenden häufig die Angst vor dem Abstieg durch Arbeitsplatzverlust oder Verlust finanzieller und sozialer Sicherheiten. Wer mehr Einsatz an den Tag legte und wer sich schneller auf wechselnde Anforderungen einstellen konnte, hatte höhere Chancen auf dem Arbeitsmarkt. Alle waren für ihren Lebensweg selbst verantwortlich und mussten ihn selbst organisieren.

Durch den stetigen Wandel der Rahmenbedingungen – Globalisierung, Rationalisierung und Flexibilisierung sind dabei nur einige Stichworte – kam es schließlich zur Tertiarisierung, d. h. zum Wandel von der Industrie- in die Dienstleistungsgesellschaft. Seit 1970 stieg dieser Trend kontinuierlich an und Dienstleistungen gewannen immer mehr an Bedeutung. Dieser sektorale Strukturwandel brachte Anforderungen an Organisationen und Individuen mit sich und war für die Veränderung der Erwerbsstruktur verantwortlich. Es kam zu neuen Lebensbedingungen; die Freizeit spielte wieder eine wichtigere Rolle, gleichzeitig stieg mit einer höheren Lebenserwartung auch der Pflegebedarf.

Die Modernisierung brachte die Möglichkeit einer flexibleren Ausgestaltung der Arbeitstätigkeit mit sich, wodurch jedoch auch der Zwang, aktiv selbstverantwortlich zu handeln, entstanden ist. Es wurde mehr Selbst- und Zeitmanagement von den Menschen verlangt, was von der Gefahr des Scheiterns und der Überforderung aufgrund der Selbstorganisation und Freiheit begleitet wurde.

Auch die Arbeitsverhältnisse selbst änderten sich. Erwerbsbiographien wurden immer unsteter, besonders da prekäre Arbeitsverhältnisse wie Zeitarbeit oder befristete Stellen immer mehr wurden, wodurch die Zukunft immer unsicherer wurde und kaum mehr planbar war; ‚Normalbiografien‘ gab es kaum noch.

Und hier sind letztlich die Dienstleistungsberufe, besonders die der Sozialen Arbeit, betroffen. Denn wer es nicht schafft, sein Leben selbst zu organisieren, benötigt Hilfe, etwa in Form von Beratung oder Vermittlung. Der finanzielle Druck wird jedoch auch in der Sozialen Arbeit immer größer, sodass man sich an die Ökonomisierung anpassen muss, um am Wettbewerb mitwirken zu können. (vgl. Jäger/Röttgers 2008, S. 7) Einrichtungen müssen schauen, wie sie mit ihren Ressourcen effizient und effektiv wirtschaften können, um am Markt teilzuhaben. Management und Controlling bekommen in diesem Bereich eine immer größere Bedeutung und sind nahezu nicht mehr weg zu denken. Mit Kostenträgern müssen Tagessätze ausgehandelt werden, um die eigenen Ausgaben zu decken und gleichzeitig der Klientel gerecht zu werden. Es gibt immer knappere soziale Budgets, gleichzeitig steigende Fallzahlen.

Die Ökonomisierung der Sozialen Arbeit bringt also eine große Umstellung in diesem Bereich mit sich, die viele Arbeitnehmende dieses Sektors zum Umdenken zwingt. Herausforderungen gibt es viele, wie zum Beispiel die Verknappung der finanziellen Mittel. Dadurch geraten auch die Non-Profit-Organisationen verstärkt unter Konkurrenzdruck, wodurch sie ihre Dienstleistungen kostengünstig und dennoch zur Zufriedenheit der Kundschaft anbieten müssen.

Ebenso kam es durch die Ökonomisierung des Sozialen zu einem Wechsel von der Objekt- zur Subjektförderung. D. h. es werden nicht mehr bevorzugt große Projekte oder Verbände gefördert, sondern die Individuen direkt, wie z. B. durch das Persönliche Budget oder Bildungsgutscheine. Ein weiteres Stichwort der heutigen Zeit lautet New Public Management. Hier geht es darum, dass sich die Akteure durch Eigenverantwortung selbst beteiligen und aktiv werden, was Verantwortung und Anforderung bedeutet. Eine weitere Herausforderung ist, dass durch den immer größer werdenden Wettbewerb im Sozialen Sektor der Blick weg von der Arbeitskraftorientierung hin zur Markt- und Erfolgsorientierung gerichtet werden muss:

> „Nicht der Aufwand und die Anstrengung in Bezug zum menschlich Möglichen zählen, sondern das Arbeitsergebnis in Relation zum extern Erforderlichen.“ (Dunkel/Kratzer/Menz 2010, S. 358)

Einrichtungen sollen so wirtschaften, dass sie auf dem Markt und vor den Kostenträgern bestehen. Die Aufgabe des Dritten Sektors ist es nun, nicht länger vom Staat und vom Markt abhängig zu sein, sondern mit ihnen in Interaktion zu treten.

Mit diesen und anderen Herausforderungen müssen sich die Arbeitnehmenden zunächst einmal identifizieren. Für Viele stellen die aktuellen Veränderungen jedoch eine große Belastung dar, sodass die neuen Organisationsstrukturen durchaus Grund für eine psychische Erkrankung oder ein Burnout sein können. (vgl. Dunkel/Kratzer/Menz 2010)

4.3 Burnout in der Gesellschaft

Wie oben beschrieben, arbeiteten die Menschen früher oft länger und härter und das bei viel schlechteren Rahmenbedingungen als heute. Doch niemand schien an Burnout zu leiden. Warum entstand nun Burnout gerade in der Epoche Ende des 20. Jahrhunderts? Die Umwelt trägt mit dazu bei, ob es zu einer Burnout-Krise kommt oder nicht. Auch tritt Arbeit und Krise häufig nur gemeinsam auf (vgl. Jäger/Röttgers 2008, S. 45). Kann man also die heutige Gesellschaft dafür verantwortlich machen, dass die Fälle von Burnout stetig ansteigen?

Wir leben in einer Zeit, in der prinzipiell alles möglich ist. So gibt es nahezu für jeden Typ Mensch eine geeignete Schulform oder Ausbildung; reisen kann man, wohin das Geld reicht; ... Jeder Mensch hat die Freiheit und kann seine eigene Biografie gestalten, jedoch gibt es institutionelle Anforderungen, Kontrollen und auch Zwänge, an die er sich halten muss. Daraus folgt ebenso Verantwortung, die man übernehmen muss. Es gibt wenig Regeln, die einem Menschen vorschreiben, wie er sein Leben gestalten muss; doch birgt sich dahinter auch die Herausforderung, die richtigen Entscheidungen zu fällen. Freiheit bedeutet gleichermaßen auch Druck und Verantwortung. So müssen Eltern selbst schauen, wie sie Beruf, Haushalt, Kinder und eventuell Pflege der eigenen Eltern unter einen Hut bekommen. Wie sie es schaffen, wird ihnen nicht vorgeschrieben, doch dass sie es zu schaffen haben, wird von der Gesellschaft erwartet.

Durch diese Individualisierung tritt auch die Biografisierung der Lebensverhältnisse in den Vordergrund. Das bedeutet zum einen, dass es eine Vervielfältigung der Lebenswelten gibt, zum anderen, dass die sozialen Probleme in den Privatraum, in die Freizeit verlegt werden, sodass die Menschen sowohl Risiken als auch Chancen sowie jegliche Art von Widersprüchen selbst bewältigen müssen. (vgl. Böhnisch 2008, S. 11-12) Dies führt auch zur Verwissenschaftlichung, da jeder Mensch eigenes Wissen braucht, um entscheiden zu können, was für ihn richtig und was falsch ist. Aber auch bei der Arbeit wird verlangt, dass Fachwissen vorhanden ist, das abgerufen werden kann.

> „Neben ‚Lernen' steht ein weiterer Begriff zunehmend auf der ‚Chancen-Agenda' moderner Arbeitsorganisation: Innovation." (Jäger/Röttgers, S. 128)

So wird die Technik immer schneller und funktionsfähiger und bestenfalls sollte auch der Mensch immer mehr Leistung in weniger Zeit erbringen. Stellen werden gekürzt: wo vorher drei Angestellte saßen, muss nun eine Person die gleichen Aufgaben erledigen. Es wird verlangt, multitaskingfähig zu sein und immer alles im Blick zu haben. Man muss verschiedene Dinge beachten und bearbeiten und zwar ohne Fehler und unter Zeitdruck. Die Menschen werden durch solche Rahmenbedingungen immer mehr an den Rand der eigenen Grenzen gedrängt, bis manchen schließlich die Kraft ausgeht. Stress zu haben ist heutzutage normal, denn wer engagiert ist, muss auch Stress haben; das gehört – warum auch immer – dazu und wird akzeptiert.

Doch dass der Grat zwischen Stress und Burnout sehr schmal ist, wird vielen Menschen erst bewusst, wenn es zu spät ist und die Erschöpfung bereits folgenschwer wird. Denn oft wird ein Burnout erst als solches akzeptiert, wenn es bereits zu einem Zusammenbruch gekommen ist. Dies zeigt sich auch in den Medien. Viele Prominente hatten schon ein Burnout, manche haben sich öffentlich dazu bekannt und haben damit das Thema publik gemacht, andere verschwanden lediglich für eine Weile von der Bildfläche und feierten anschließend (Burnout-Kliniken für Promis sei Dank) ihr Comeback. (vgl. Kypta 2008, S. 26-29)

> „Obwohl so viel darüber geschrieben wird, bedeutet ein Burnout-Zusammenbruch auch heute noch, dass wir nicht leistungsfähig sind, dass wir womöglich mit dem – von wem auch immer geforderten – Tempo nicht Schritt halten können. Komischerweise fragt niemand, wie es kommt, dass so viele Menschen erschöpft sind – und das in einem Ausmaß, das unter Umständen lebensbedrohlich ist." (ebd., S. 28)

Zwar findet man in etlichen Zeitschriften Artikel oder Fragebögen zu Burnout, auch kommt nahezu jede zweite Woche eine Dokumentation oder Talk-Show zum Thema, und dennoch wird Burnout meist eher oberflächlich und nicht in der vollen Bedeutsamkeit diskutiert. In den Medien werden häufig personeninterne Gründe als Ursache dargelegt. Nach dem Motto: Du bist schuld an deiner Erschöpfung und Müdigkeit, was hättest du besser machen können um leistungsfähig zu bleiben... Wer über schlechte Rahmenbedingungen (s. Kapitel 3.4.4 *Mögliche Ursachen von Burnout*) klagt, bekommt oft den Vorwurf: Dann musst du dich eben besser organisieren... als Antwort. Ständig wird mehr Effizienz gefordert, Zeit soll eingespart werden, wo es eigentlich gar nicht möglich ist, und wer dann die Balance zwischen Anspannung und Entspannung nicht halten kann, ist letztlich erschöpft und bricht zusammen.

Zwar hat sich Deutschland nach der Wirtschaftskrise relativ schnell erholt, dennoch quälen sich viele Arbeitnehmer mit Versagens- und Existenzängsten und fürchten sich davor, den Job zu verlieren. Diese Ängste begleiten viele Menschen ins Burnout, da diese Arbeitsplatzunsicherheit einen psychischen Belastungsfaktor und Stressor bildet. Dadurch versuchen viele Menschen, die Arbeit ohne Mängel zu erledigen und wollen oft zwanghaft Erfolg haben. Dabei vernachlässigen sie die eigenen Bedürfnisse und schweben – meist unbewusst – ständig in der Gefahr, an Burnout zu erkranken. Die Menschen gönnen sich immer weniger Ruhepausen und Erholung, die sie eigentlich benötigen.

Um Burnout wahrnehmen zu können und zu verhindern, ist es wichtig, dass man sich mit den eigenen Bedürfnissen auseinandersetzt und reflektiert, was man an der eigenen Arbeits- und Lebensweise ändern sollte, um nicht in den Strudel des Burnout-Prozesses hineingerissen zu werden. Doch ist dieses Bewusstsein noch wenig verbreitet.

> „Was mir Sorgen macht, ist, dass die meisten Menschen das Burnout und seine Symptome nicht ernst nehmen, solange sich nicht massive körperliche Auswirkungen zeigen." (ebd., S. 50)

Diskutiert man über Burnout in der Gesellschaft, wiederholen sich folgende drei Stichwörter immer wieder: Leistungssteigerung, Flexibilität und Sicherheit. Hillert und Marwitz haben daraus folgende Formel entwickelt:

> „Leistungssteigerung x Flexibilität – Sicherheit = Burnout?" (Hillert/Marwitz 2006, S. 210)

Man kann nicht leugnen, dass die heute herrschenden Arbeitsbedingungen Grund für das Ausbrennen vieler Menschen sind, so gesehen hat die Gleichung etwas Wahres an sich.

Im Volksmund heißt es: Wer rastet, der rostet. Alle werden zustimmen, dass sportliche Betätigungen förderlich für die Gesundheit sind. Doch steckt hinter diesem Sprichwort auch die Botschaft, dass nicht Stillstand, sondern permanente Höchstleistungen von der Gesellschaft gefordert werden. Beginnt dieser Kampf um Erfolg nicht schon im Kindergarten und in der Schule? Die subjektiv empfundene Belastung hat durch Zeitdruck, zunehmende Arbeitsmenge, Übernahme von mehr Verantwortung, fordernder Kundschaft stetig zugenommen. Des Weiteren wird Stress intensiver wahrgenommen. Doch nicht nur das trägt dazu bei, dass sich Burnout in diesem Ausmaß etabliert hat. Es liegt neben den Arbeitsbedingungen auch an den gesellschaftlichen Verhältnissen und Idealen.

Zusammenfassend lässt sich sagen, dass Burnout in der Tat ein Phänomen ist, welches durch Freudenberger begrifflich gefasst wurde. Mit der Zeit eignete sich eine breite Öffentlichkeit diese Terminologie an und identifizierte dementsprechend Ursachen und Auswirkungen von Burnout in persönlichen und gesellschaftlichen Zusammenhängen.

> „Die Menschen machen ihre eigene Geschichte, aber sie machen sie nicht aus freien Stücken, nicht unter selbstgewählten, sondern unter unmittelbar vorgefundenen, gegebenen und überlieferten Umständen." (Marx 1851, Kapitel 1)

Das heißt, die Menschen schaffen durch ihr Handeln immer wieder neue Strukturen, doch handeln sie nur unter dem Eindruck von Strukturen, die es davor gegeben hat. So konnte auch der Begriff Burnout nur in dieser Epoche und historischen Situation entstehen. Einige Jahrzehnte früher wäre der Begriff Burnout wahrscheinlich nicht so populär geworden, weil die Menschen damals primär ums Überleben kämpfen mussten ohne sich intensiver mit ihrer (psychischen) Befindlichkeit auseinanderzusetzen. Heute jedoch ist Burnout in der Umgangssprache verankert und hat sich etabliert.

5. Exemplarische Studie

Burnout hat sich im Wortschatz der Menschen verankert und wird häufig gebraucht. Auch hat Burnout in der heutigen Gesellschaft eine zentrale Bedeutung gewonnen. Allerdings herrscht in den meisten Fällen noch großes Unwissen darüber, was Burnout eigentlich ist. Neben der Unklarheit bringt auch die Burnout-Forschung wenig neue Erkenntnisse, im Gegenteil: Es scheint, als stehe sie still. Die im Folgenden beschriebene Studie soll sich daher in explorativer Weise mit der Frage beschäftigen, wie von Burnout betroffene Sozialarbeitende die Tragweite von Burnout einschätzen und welche Erfahrungen sie zum einen im Bezug zur Gesellschaft, zum anderen im Bezug zur Sozialen Arbeit gemacht haben. Aus den Ergebnissen sollen Schlussfolgerungen für die Gesellschaft im Allgemeinen und für Soziale Arbeit im Besonderen abgeleitet werden, um der Entstehung von Burnout zukünftig vorbeugen zu können.

5.1 Methodik und Forschungsdesign der Untersuchung

Um eine empirische Forschung exakt ausführen zu können ist es wichtig, methodisch vorzugehen. Es gibt qualitative und quantitative Methoden aus denen eine passende Form ausgewählt werden muss. Die methodische Vorgehensweise der vorliegenden Arbeit wird im Folgenden dargestellt.

Seitdem Freudenberger den Begriff Burnout etabliert hat, wurden zahlreiche Publikationen und Arbeiten zu diesem Thema veröffentlicht. Doch haben sich die Inhalte bis heute kaum weiterentwickelt. Wie im ersten Teil der Arbeit bereits beschrieben, sind die tatsächlichen Ursachen unklar und die Symptome überschneiden sich häufig mit anderen Diagnosen. Burnout ist somit schwer abzugrenzen und wird von medizinischem Fachpersonal wenig anerkannt. Anders verhält sich dies in der Gesellschaft und in den Medien: hier ist Burnout ein geläufiger Begriff.

Ziel dieser Studie ist es herauszufinden, wie Betroffene aus einem sozialen Beruf das Phänomen Burnout gesellschaftlich und im Zusammenhang mit Sozialer Arbeit einschätzen. Sie selbst haben erlebt, wie ihr soziales Umfeld auf den Erschöpfungszustand reagiert hat, ebenso wissen sie, wie die Reaktionen von Seiten des Arbeitgebers waren. Des Weiteren können Betroffene aufgrund ihrer eigenen Erfahrungen am besten erklären, was ihnen beim Überwinden der

Krise geholfen hat. Von diesem Erfahrungswissen können zum einen Organisationen, zum anderen Arbeitnehmende profitieren.

Neben der Auseinandersetzung mit dem gesellschaftlichen Diskurs sollen auch Konsequenzen für die sozialen Berufe untersucht werden. Die Forschung soll somit das subjektive Erleben und Bewerten von Burnout erfragen. Da ein Burnout aufgrund seiner Vielfältigkeit immer subjektiv verstanden werden muss, wurde die qualitative Forschung gewählt. Dies erscheint auch unter Berücksichtigung der Abgrenzungsschwierigkeit von Burnout zu anderen Erscheinungen wie Stress oder Depressionen sinnvoll. Eine quantitative Forschung hätte zur Folge, dass die Werte, ähnlich wie etwa beim MBI, nicht eindeutig interpretiert werden könnten.

Um die Fragestellung beantworten zu können, sollten Befragte (im Folgenden: Interviewees) verschiedene Voraussetzungen mitbringen: Zum einen sollten sie eigene Erfahrungen mit Burnout gemacht und sich daher bereits mit dem Thema theoretisch und individuell auseinandergesetzt haben, zum anderen sollten sie in der Sozialen Arbeit tätig sein oder sich zumindest in diesem Arbeitsfeld auskennen. Da die Zielgruppe Burnout-Betroffener *und* in der Sozialen Arbeit Beschäftigter schwer zu erreichen ist, wurde das narrative Interview als Methode gewählt. Dabei besteht die Möglichkeit, alle qualitativen Merkmale zusammenzutragen und auch mit nur *einer, entsprechend den Kriterien ausgewählten Person* qualitative Daten erfassen zu können.

5.2 Narratives Interview

Das narrative Interview erscheint deshalb geeignet, da Interviewees hierbei spontan erzählen können, ohne durch explizite Fragen der Interviewer unterbrochen zu werden. Interviewees können sich infolgedessen nicht auf bestimmte Fragen vorbereiten, sondern müssen während des Interviews ihre Darstellung entwickeln. Folglich erhält man sehr authentisches Material und kann die Sicht des Subjekts eindrücklicher interpretieren als bei quantitativen Methoden oder standardisierten Interviews. (vgl. Mayring 2002, S. 72) Da Befragte ihre eigenen Erfahrungen und Theorien bezüglich des Erzählgegenstandes äußern, bekommen Interviewer Informationen, an die sie selbst womöglich nicht gedacht hätte. Die individuelle Sicht auf das Thema kann dadurch ausführlich dargelegt werden. Somit ist es zunächst nicht möglich, Hypothesen zu bilden, da sich diese erst im Nachhinein aus dem Erzählmaterial ergeben.

Bei dieser Form des Interviews nehmen Interviewer die Rolle von aktiven Zuhörenden ein, d. h. sie halten sich zurück und versuchen lediglich durch Mimik und Stichwörter den Redefluss aufrecht zu erhalten. Die Interviewees werden durch eine Einstiegsfrage aufgefordert, zu erzählen und bekommen absolutes Rederecht.

Das narrative Interview wird ohne Interviewleitfaden durchgeführt, doch kann ein Fragenkatalog, der aber nicht zwingend abgearbeitet werden sollte, eingesetzt werden. Die Einstiegsfrage zu Beginn des Interviews sollte gut überlegt sein, da diese die Erzählung der Interviewees sehr beeinflussen kann. (vgl. Stangl 1997)

Damit das narrative Interview gelingt, ist der Erstkontakt von großer Bedeutung, da Interviewee und Interviewer eine Vertrauensbasis haben sollten. Dies ist eine Grundvoraussetzung, weil das narrative Interview besondere Offenheit fordert. (vgl. Küsters, 2009, S. 44-50)

Bei dieser Interviewtechnik erhält man sehr viel Material, welches durch eine qualitative Inhaltsanalyse analysiert und interpretiert wird, um Ergebnisse zu erhalten und darstellen zu können.

5.3 Qualitative Inhaltsanalyse

Nachdem das narrative Interview geführt wurde, wird zunächst eine Transkription erstellt, denn erst dadurch kann das Material gesichtet und rekonstruiert werden. Hierbei wurden die Transkriptionsregeln nach Mayring (vgl. Mayring 2002, S. 92) verwendet. Das vorliegende Kommunikationsmaterial wird anschließend systematisch bearbeitet, wobei eine Kombination zwischen zwei Methoden gewählt wird: Die zusammenfassende Inhaltsanalyse nach Mayring und das integrative texthermeneutische Verfahren. Das Material wird rekonstruktiv-inhaltsanalytisch bearbeitet.

Durch dieses Mixed-Method-Design kann der Forschungsgegenstand von zwei Seiten betrachtet und daher umfassender bearbeitet werden. Zunächst wird durch die qualitative Inhaltsanalyse die gesamte Transkription bearbeitet: Die Aussagen der Interviewee werden paraphrasiert und Schritt für Schritt miteinander verglichen. Dadurch ergeben sich schließlich verschiedene Unterkategorien. In einer inhaltsanalytischen Zusammenfassung werden diese anhand ausgewählter Ausschnitte aus der Erzählung gegliedert dargelegt, um einen Überblick zu erhalten, wie die Interviewee den Erzählgegenstand behandelt und einschätzt.

Auf diese Weise wird eine Art Querschnitt durch das Material gelegt, was zu einer besseren Strukturierung des Inhalts führt. (vgl. Mayring 2002, S. 114-115) Man schafft durch diese Zusammenfassung „ein überschaubares Korpus (…), das immer noch ein Abbild des Grundmaterials ist.“ (ebd., S. 115) Anschließend kommt es zur induktiven Kategoriebildung. D. h. die Unterkategorien werden nochmals zusammengefasst und es werden Überkategorien herausgearbeitet, die die Ergebnisse offenlegen.

Nun kommt die zweite Methode zum Einsatz, das integrative texthermeneutische Verfahren. Dies ist ein Verfahren der rekonstruktiven Interviewauswertung, d. h. im Vordergrund der Analyse steht das *wie* und *wozu*. Um dies herauszukristallisieren, wird zu jeder zuvor festgelegten Überkategorie ein aussagekräftiges Ankerbeispiel aus dem Interview gewählt. Diese Sequenzen werden schließlich mikrosprachlich nachtranskribiert, d. h. die genaue Betonung, Wortwahl und Pausen werden exakt dargestellt. Hierzu dient das Basistranskript des Gesprächsanalytischen Transkriptionssystems (GAT) (vgl. teachSam 2010) als Grundlage. Mittels der Sequenz-Analyse werden die Ankerbeispiele nach Semantik, Syntaktik, Pragmatik und Gesamtgestalt untersucht. Dadurch wird präzise dargestellt, was die Interviewee wie ausdrücken wollte und wozu.

Die Ergebnisse beider Methoden werden aufeinander bezogen, was ‚Triangulation' genannt wird. Durch diese Verknüpfung ergibt sich eine erweiterte Erkenntnismöglichkeit. (vgl. Flick 2004, S. 9) Zusammenhänge im Text und deren Entstehung und Sinn können so ausführlich dargestellt werden.

Die Ergebnisse werden zum einen innerhalb der Untersuchung interpretiert und anschließend mit bereits vorhandener Theorie verbunden. (vgl. Mayring 2008, S. 45) Dabei werden Interviewaussagen mit theoretischen Argumentationen abgeglichen, um so ggf. neue theoriebildende Elemente in den Wissenschaftsdiskurs einzubringen. Im letzten Teil werden die Ergebnisse auf die Praxis der Sozialen Arbeit übertragen.

6. Darstellung der Ergebnisse

6.1 Sample

Personen, die selbst Erfahrungen mit dem Erschöpfungszustand gemacht haben, sich also mit der Thematik des Burnouts auseinandersetzen mussten und die ebenso die Rahmenbedingungen der Sozialen Arbeit kennen, da sie in einem sozialen Beruf tätig sind, findet man sicherlich. Doch diese Personen für ein Interview zu gewinnen, ist schwierig. Eine Frau, welche beide Kriterien erfüllt, hat sich dazu bereit erklärt, ein Interview über das Phänomen Burnout im Zusammenhang mit der eigenen Betroffenheit und der Tätigkeit in der Sozialen Arbeit zu führen. Frau M. (anonymisiert) ist seit 1992 staatlich anerkannte Sozialpädagogin und arbeitet im Jugendbereich. In ihrer Organisation übernimmt sie seit 2005 eine Leitungstätigkeit und führt zusätzliche Maßnahmen an unterschiedlichen Standorten durch. Des Weiteren ist sie Heilpraktikerin und hat zudem eine Ausbildung zum Coach abgeschlossen. Frau M. hat bereits am eigenen Körper erfahren, was es heißt, erschöpft zu sein. Sie hatte damals einen Aufenthalt in einer Reha-Klinik, anschließend konnte sie in ihren früheren Beruf zurückkehren. Das Interview wurde im April 2012 bei schönem Wetter im Park durchgeführt und wurde anhand eines Handys aufgezeichnet, sodass im Nachhinein die Transkription erstellt werden konnte, aus welcher nachfolgend zitiert wird.

6.2 Qualitative Inhaltsanalyse

Während des Interviews hat Frau M. bestimmte Themen wiederholt angesprochen. Sie nahm teilweise die Perspektive des betroffenen Individuums ein oder sprach aus der Sicht der Sozialarbeiterin. Sie berichtete so über den Wandel von Gesellschaft und Sozialer Arbeit und wie damit das Burnout Phänomen zusammenhängt. Ihre Erzählung war insgesamt sehr umfassend, doch erläuterte sie alles sehr reflektiert und überlegt. Immer wieder setzte sie kurze Pausen ein, um anschließend ihre Theorien und Meinungen zu äußern. Anhand der zusammenfassenden Inhaltsanalyse wurde die Transkription in Unterkategorien eingeteilt. Einige Aussagen, die sich im Verlauf des Interviews wiederholt haben, konnten auf diese Weise zusammengefügt werden. Um einen Überblick über das gesamte Interviews zu erhalten, folgt nun die inhaltsanalytische Zusammenfassung anhand von Zitaten aus dem Erzählmaterial. Anschließend werden aus dieser Zusammenfassung die Überkategorien entwickelt.

6.2.1 Zusammenfassende Inhaltsanalyse

Für Frau M. besteht ein Zusammenhang zwischen Burnout und Arbeit. Dies ist für sie auch der entscheidende Unterschied von Depressionen und Burnout:

> „Ich glaube, dass (,) man Depressionen auch einfach so haben kann, (…) und bei Burnout geht es tatsächlich darum, es hat einen Sinnzusammenhang zur Arbeit.“ (Frau M., Z. 9-11)

Als sie selbst in der Klinik war und sich darüber informiert hat, welche Personen betroffen sind und häufig in eine Klinik kommen, erklärten ihr die Ärzte, dass die Fälle aus dem sozialen Bereich deutlich zugenommen haben:

> „In der Zwischenzeit gibt es sogar schon Reha-Einrichtungen, die sich für soziale Berufe spezialisiert haben. Also insofern ist klar zu erkennen, dass es im Sozialen zunimmt (-).“ (Frau M., Z. 15-17)

Aus welchen Gründen immer mehr Menschen aus sozialen Berufen unter Burnout leiden, erklärt sie während des Interviews immer wieder. Zwei Faktoren sind ihr dabei sehr wichtig, zum einen die Einstellung des Individuums zur Arbeit und die Rahmenbedingungen im Zusammenhang mit dem Wandel der Sozialen Arbeit. Die Menschen, die einen sozialen Beruf ausüben, wählen diesen nicht ohne Grund. Sie haben oft das Ideal, den Menschen helfen zu wollen und identifizieren sich so mit ihrer Arbeit:

> „die meisten, die ich kenne, identifizieren sich auch mit ihrer Stelle und das ist im sozialen Bereich ganz stark, (…) es geht ja nicht nur um Arbeit, sondern es geht um Kontakt mit anderen Menschen. Man hat einen Auftrag. Man hat meistens ja auch ein inneres Leitbild, weshalb bin ich überhaupt in Soziale Arbeit reingegangen und da verschärft sich die Gefahr immer noch mehr zu tun und noch mehr zu tun und noch mehr zu tun (…).“ (Frau M., Z. 38-43)

Dieser Auftrag den Menschen gegenüber, die Identifikation mit dem Beruf und das innere Leitbild verbunden mit den Rahmenbedingungen der Sozialen Arbeit können Gründe für die steigenden Burnout-Fälle im sozialen Bereich sein. Der Wandel in der Sozialen Arbeit darf dabei nicht vernachlässigt werden:

> „Die Ökonomisierung der Sozialen Arbeit, alles muss effizient sein." (Frau M., Z. 23-24)

Der Kostendruck, der sich dadurch ergibt, zeigt sich oft auch bei den Trägern, denen dadurch die Hände gebunden werden:

> „(…) da natürlich dann der Träger auch immer noch gucken muss, wie finanziere ich mich selbst (…)" (Frau M., Z. 158-159)

Hinzu kommt, dass es in der Sozialen Arbeit häufig keine klaren Zielvorgaben gibt. Was andere Firmen oft durch ihr Management klar geregelt haben, fehlt in sozialen Bereichen größtenteils noch: Ziele, die den Weg weisen sollen. Es sollte geklärt sein, welchem Ziel man sich annähern möchte und wann man es erreicht hat.

> „Bei der Sozialen Arbeit ist es oft so ein grober (,) Auftrag und dann kommen immer noch so kleine Aufträge dazu. Aber so dieses, die Vision, da solls hingehen, da hat man dann auch mal was geschafft, wird selten gemacht." (Frau M., Z. 259-261)

Die Menschen identifizieren sich mit ihrer Arbeit, doch werden sie durch Sparmaßnahmen unter Druck gesetzt; ebenso die Träger, denen häufig klare Ziele fehlen. Es gehört also viel Engagement dazu, wenn man einen sozialen Beruf ausüben möchte. Viele junge Menschen lassen sich dadurch leiten; sie wollen den Menschen helfen, sodass die Entlohnung zunächst zweitrangig ist. Wenn ihnen jedoch klar wird, was sie alles leisten müssen und das für einen geringen Lohn, fühlen sich viele nicht wertgeschätzt und sind entrüstet. Frau M. sieht, wer als Praktikantin oder junge Frau zu ihr in die Ausbildung kommt und

> „wie engagiert und motiviert sie sind und dass das Thema (…) zum Beispiel, wie viel verdiene ich eigentlich anschließend. Das ist überhaupt kein Thema! Darum glaube ich, dass es zum Teil ein Schock ist, dann irgendwann mal den Lohnzettel zu erhalten und zu sehen: Häh hallo? Das ist jetzt das Resultat meines dreijährigen Studiums? Noch viel mehr ein Thema bei Erzieherinnen, die werden finde ich hundsmiserabel bezahlt!" (Frau M., Z. 31-38)

Für Frau M. sind soziale Berufe also deutlich unterbezahlt, was bei manchen Menschen durchaus zu einem Burnout beitragen kann. Vor allem da die Arbeit unter hohen Anforderungen und schlechten Bedingungen geleistet wird.

> „In der Sozialen Arbeit kommt erschwerend dazu, dass es sehr viele Teilzeitstellen gibt und sehr viele Stellen, die finanziell nicht abgesichert sind. Also es sind viele Projekt- und befristete Stellen, d. h. es gibt für die Menschen, die da arbeiten, eigentlich keine Möglichkeit zu sagen, ich beharre jetzt mal drauf, dass ich weniger machen muss oder ich beharre auf meine Arbeitsplatzbeschreibung, weil die Angst des Arbeitsplatzverlustes . . sehr hoch da steht, also sehr stark ist.“ (Frau M., Z. 25-30)

Ein Grund sind also die vielen Teilzeit- und befristeten Stellen. Hinzu kommen die vielen Projekte, bei denen man häufig nicht finanziell abgesichert ist. Frau M. sieht weiter ein großes Problem bei der Arbeitsplatzbeschreibung, da diese häufig nicht klar genug festgeschrieben ist, sodass man sich nicht darauf zurückbeziehen kann.

> „(…) meine Arbeitsplatzbeschreibung ist relativ offen, nennt sich Netzwerkstelle unter anderem und da kommt alles drauf, was man irgendwie nicht so richtig weiß wohin damit.“ (Frau M., Z. 161-163)

Es wird also immer mehr Arbeit auf eine Person verlagert, was den Druck und die Belastung für die Einzelnen natürlich ungemein erhöht.

> „(…) immer mehr und mehr wird auf eine Stelle zugeschustert (…).“ (Frau M., Z. 60)
> „(…) und wie hoch da die Anforderungen sind, was eine Person alles machen muss … und was sie vorher schon alles gemacht haben muss. Aber dann zum Teil nur ein Jahr befristet.“ (Frau M., Z. 155-157)

Für Frau M. ist es eindeutig, dass die Belastungen für das Individuum auffällig gestiegen sind. Da sie dies aus eigener Praxis bereits selbst erfahren hat.

> „Also ich seh ja selber auch, was mir als Person nur innerhalb der letzten sechs Jahre mehr und mehr zugemutet wurde. Alles auf die gleiche Stelle und den gleichen Stellenumfang würde ich jetzt mal behaupten, ich hab das Dreifache von dem, was ich vorher hatte. Innerhalb von sechs Jahren.“ (Frau M., Z. 19-23)

Sie selbst berichtet, dass sie ohne Probleme sofort eine zweite Person beschäftigen könnte, dies aber finanziell nicht möglich ist. Es bleibt also an ihr selbst hängen. Hinzu kommt, dass sich diese Strukturen, in denen man sich selbst nicht mehr wiederfindet, kaum zu verändern sind.

> „(…) ich kann tun und lassen was ich will, es bewirkt nichts (.) die Strukturen lassen sich nicht ändern und (…) ich kann mich in der Art von Struktur nicht mehr wiederfinden und das will ich eigentlich auch gar nicht.“ (Frau M., Z. 98-101)

Dies alles trägt dazu bei, dass Arbeitnehmende überfordert sind. Dass diese Überforderung in ein Burnout münden kann, erläutert Frau M. anhand des Beispiels von Tim Mälzer, einem berühmten Fernsehkoch.

> „Ich hab vor ner Weile ein Interview von ihm gehört, wo er sagt: Wissen sie, ich bin als Koch ausgebildet, ich bin einfach Koch. Und plötzlich hatte ich zu tun mit (…) Interviews geben, ich muss in Talkshows, ich muss da laut reden. – Und ich konnte das alles doch gar nicht! Kein Mensch hat mich das gelehrt (…), kein Mensch hat mich unterstützt dabei und irgendwann wars zuviel.“ (Frau M., Z. 199-204)

Und diese fehlende Unterstützung begründet Frau M. nicht nur mit den Rahmenbedingungen der Sozialen Arbeit, sondern mit dem Wandel in der Gesellschaft allgemein. Denn die Belastung der Menschen ist überall größer geworden, und auch die Angst um den Arbeitsplatz ist in der Gesellschaft weit verbreitet.

> „(…) der Druck ist hoch und ne Angst ist auch noch dabei ‚ich verliere meine Stelle‘ dann ist es gesellschaftlich geprägt.“ (Frau M., Z. 60-62)

Zeitdruck und Anpassungsdruck nehmen zu.

> „Ständig wandelt man sich. Es geht auch alles schneller. Alles ist deutlich schneller. (…) immer mehr und immer schneller.“ (Frau M., Z. 224-230)

Problematisch dabei ist, dass die meisten Menschen sich heute keine Zeit mehr nehmen, um auf ihren Körper zu hören. Dadurch erhöht sich in ihren Augen die Gefahr, erste Symptome von Burnout nicht wahrzunehmen. Den Grund dafür sieht Frau M. in der Gesellschaft, da

> „[a]lles, was mit ‚ich konzentriere mich auf mich' und ‚ich zentriere mich' . . zu tun hat (…) mehr und mehr aus der Mode [ist]." (Frau M., Z. 113-114)

In ihren Augen brauchen dabei auch junge Menschen mehr Unterstützung. Bereits mit Kindern sollte man verstärkt die Sinne und die Wahrnehmung schulen und Übungen wie Körpererfahrung durchführen. Doch erkennt dies die Gesellschaft nicht.

> „(...) es heißt Fachkräftemangel und es heißt, es sind zu wenig Jugendliche da und dann wird der Umkehrschluss gezogen, weniger Jugendliche heißt, man braucht weniger Leute. Dass aber diese wenigen aber eigentlich mehr benötigen, damit sie auf den Stand kommen, um als Fachkraft arbeiten zu können, das sieht kein Mensch." (Frau M., Z. 170-174)

Sowohl in den Rahmenbedingungen der Gesellschaft als auch der Sozialen Arbeit sieht Frau M. mögliche Ursachen für ein Burnout. So sind Menschen, die sich mit ihrer Arbeit identifizieren, sehr engagiert und motiviert. Sie wollen ihren Auftrag so gut wie möglich erfüllen und geben ihre gesamte Energie in den Beruf. Sie merken dabei oft gar nicht, dass sie sich bereits in der Burnout-Falle befinden.

> „Man nimmt sich keine Zeit den Akku wieder aufzuladen; die Schwierigkeit dabei ist es, man sieht es nicht mehr. Weil die Aufgaben dabei groß sind und weil (…) das Engagement ich wills gut machen auch sehr stark sind und es schleicht sich ja so ein (.) es ist ja nicht von jetzt auf gleich, sondern es schleicht sich ja mehr und mehr ein." (Frau M., Z. 50-54)

Burnout ist also ein schleichender Prozess, der oft damit beginnt, dass eine Person sich nicht mehr von der Arbeit distanzieren kann, nicht mehr abschalten kann.

> „(…) nicht mehr sehen zu können, wann und wo sorge ich eigentlich für meine eigenen Pausen und wo kann ich mich abgrenzen. Und auch das Abschalten können, das ist ein Thema." (Frau M., Z. 43-45)

Frau M. hat während ihres Aufenthalts in der Klinik eine eigene Theorie entwickelt.

> „Jetzt als ich selbst in der Klinik war, da war quasi niemand mit kleinen Kindern. Und meine persönliche Theorie ist jetzt, (...) dann wenn man kleine Kinder Zuhause hat, oder Kinder überhaupt, dann muss ich heim, ich kann nicht ewig im Büro sein. Ich muss heim. Ich muss mich von dem, was ich bei der Arbeit tue, distanzieren, weil ich mich auf meine Kinder konzentrieren muss. (...) da gibt es zwangsläufig einen anderen Part, der mit der Arbeit nichts zu tun hat, der mich innerlich weg bringt von dem, was bei der Arbeit ist.“ (Frau M., Z. 64-72)

Betroffene (ohne Kinder) sehen nicht, dass sie Gefahr laufen auszubrennen, sie widmen ihr Leben der Arbeit, dort erfahren sie Erfolg, sie ziehen sich sonst von allem zurück, geben sich selbst für die Arbeit auf.

> „Individuell hat es sicher damit zu tun, sich in einer Art auch irgendwann mal aufzugeben, weil ich mich in dem was ich tue, da kann ich mich reingeben, da finde ich auch Erfolg, da sehe ich auch was ich tue.“ (Frau M., Z. 62-64)
> „Burnout (...) sind Symptome wie nicht mehr schlafen zu können, nicht mehr essen zu können, oder nicht mehr zur Ruhe zu kommen, sich mehr und mehr zurück zu ziehen vom gesellschaftlichen und sozialen Leben. Also alles, was eigentlich einen Ausgleich bringt, wird zurück genommen. Aber es wird noch gearbeitet und dann – erschöpft sich irgendwann zurückgezogen.“ (Frau M., Z. 45-50)

Betroffene scheinen bei der Arbeit also noch zu funktionieren, doch brauchen sie schon längst Unterstützung.

> „(...) die Krux am Burnout [ist,] man funktioniert auf allen Seiten, also es merkt ja keiner. Ich funktioniere bei der Arbeit, ich funktioniere im Haushalt noch, ich funktioniere.“ (Frau M., Z. 54-56)

Durch dieses „Funktionieren nach außen“ wird das Erkennen einer Krise für die Umwelt schwierig. Zumal Burnout in der Gesellschaft zwar publik ist, jedoch oft unklar ist, was alles Anzeichen dafür sein können.

> „Ich denke, Unwissen spielt eine große Rolle (,) ob man erkrankt oder nicht. Also es ist ja sozusagen in aller Munde, aber ich glaube, keiner kennt sich so richtig damit aus und keiner weiß, mit welch großem Variationsreichtum das anfangen kann (...)“ (Frau M., Z. 110-112)

Das heißt, Burnout ist zwar durchaus bekannt, doch ist die Gesellschaft noch wenig sensibilisiert; Burnout wird also noch nicht ausreichend ernst genommen.

> „Burnout in der Gesellschaft – ich glaube immer noch, es wird nicht ernst genommen. (…). Ich glaube immer noch, dass es gesamtgesellschaftlich so ist, wer von sich aus sagt ‚ich hab n Burnout', der wird eher so n bisschen belächelt – ‚ja der schaffts halt nicht'. Nur wenn ein massiver körperlicher Zusammenbruch gekommen ist, dann(,) geht's wie so ein Raunen und ein Erschrecken durch die Bekanntschaft." (Frau M., Z. 174-184)

Betroffene werden also erst ernst genommen, wenn es zu spät ist und ein körperlicher Zusammenbruch bereits nicht mehr verhindert werden kann. Aus eigener Erfahrung berichtet Frau M., dass es auch ihrer Ärztin wichtig war, körperliche Leiden in die Diagnose mit aufzunehmen.

> „Ich fands auch interessant, als es bei mir darum ging, (…) war für die Ärztin wichtig, dass sie schreiben kann Depressionen und dass sie schreiben kann Tinnitus und starke körperliche Symptomatiken (.), weil sie gesagt hat, das zieht bei der Rentenversicherung eher wie das Wort Burnout." (Frau M., Z. 184-188)

Die Ärztin hat dies mit der Rentenversicherung begründet. Frau M. ist aber auch der Meinung, dass es an dem Mode-Charakter von Burnout liegt und da sich dadurch viele Menschen gerne zu schnell auf ein Burnout zurückziehen.

> „Es hat insgesamt bei der Gesellschaft den Charakter von einer Modeerkrankung. Ich beziehe mich auf was zurück." (Frau M., Z. 175-177)
> „Es ist ein Modewort. Man hört es viel. Ich glaube, dass es für viele auch benutzt wird wie ‚mir ist es grad alles zu viel' . . ‚Ich glaub ich krieg n Burnout'. Das hört man ja relativ häufig." (Frau M., Z. 192-194)

Ein anderer Grund, warum sich viele Betroffene lieber auf Burnout beziehen als auf eine Depression, liegt daran, dass so vieles zu Burnout zählt und es auf eine Art anerkannter ist als Depressionen.

> „Sicher ist, dass viele jetzt eher kommen und sagen ‚ich hab n Burnout', die sich nie getraut hätten zu sagen ‚hey ich hab Depressionen'. Burnout ist insofern anerkannter als Depressionen. Weil Bur-

> nout zu tun hat mit ‚hey ich bin erfolgreich, ich hab viel zu tun, ich bin wichtig, bin ein wichtiger Mensch, bin erfolgreich im Beruf, Tim Mälzer und ich sind auf einer Stufe' . . Und ‚ich hab Depressionen' klingt gar nicht gut, klingt nach Versagen, man liegt aufm Teppich und kommt nicht mehr hoch." (Frau M., Z. 212-217)

Die Medien spielen also auch eine wesentliche Rolle, wie über Burnout gedacht wird. Zum einen werden die Menschen durch Veröffentlichung prominenter Fälle sensibilisiert und über Burnout aufgeklärt, auf der anderen Seite erklären dadurch viele Menschen ihre Krise voreilig mit Burnout, sodass es immer mehr zu einer Modeerkrankung wird.

> „Ich weiß jetzt nicht richtig, was ich davon halten soll (.) ob das jetzt gut ist, dass so viel darüber geredet wird, oder obs schlecht ist." (Frau M., Z. 205-206)

Das Letzte, auf das Frau M. noch zu sprechen kommt, sind die Konsequenzen für die Soziale Arbeit bzw. was man gegen Burnout tun kann. Zum einen gibt es viele Burnout-Präventionsangebote, zu denen alle Bürgerinnen und Bürger Zugang hätten, doch wird diese Art von Hilfe eher selten beansprucht:

> „Es gibt viele Angebote in Richtung Burnoutprävention. Die gibt es. Die aber eher von einzelnen angenommen werden, die sagen ‚oh ich muss aufpassen', aber gesamtgesellschaftlich wird das nicht akzeptiert." (Frau M., Z. 178-180)

Dahingegen hätten Organisationen und Einrichtungen der Sozialen Arbeit eine größere Chance, Burnout vorzubeugen. Es gibt verschiedene Möglichkeiten, wie etwa die Arbeitsbedingungen zu ändern. Ein wesentlicher Punkt wäre:

> „(...) Mehr unbefristete Stellen! Weniger Arbeitskapazität auf eine Person (,) verlagern!" (Frau M., Z. 152-153)

Ebenso müssten die Arbeitsplatzbeschreibungen klar formuliert werden, damit die Mitarbeitenden wissen, für welche Aufgaben sie tatsächlich zuständig sind. Wenn es um Aufgabenverteilung geht, ist auch die Kommunikation in einem Betrieb sehr wichtig, da E-Mails mit Aufträgen oft

> „(...) einfach weitergeleitet [werden] und am Schluss hängt alles bei der Untersten." (Frau M., Z. 228-229)

Aufgaben sollten verständlich und gerechtfertigt delegiert werden. Des Weiteren wäre es sinnvoll, Perspektiven und Ziele, die man erreichen möchte, festzuschreiben. Dies ist zum einen für die Einrichtung, aber auch für die einzelnen Beschäftigten bedeutend, damit Klarheit herrscht, wo man sich selbst und die Einrichtung in einigen Jahren sieht, wo es hingehen sollte und auch wann man ein Ziel erreicht hat.

> „Klare Aufträge . . auch klare Zielvorstellungen!“ (Frau M., Z. 257)

Was Frau M. jedoch mit am stärksten gewichtete, war der Punkt der Unterstützung. Ein Arbeitgeber sollte seine Mitarbeitenden niemals mit neuen Aufgaben alleine lassen.

> „(…) diese ganzen Fragen, die einem kommen, wenn man einen neuen Bereich übernimmt oder eine neue Aufgabe übernimmt oder etwas dazubekommt, die alle ausschließlich mit sich selbst auszumachen, da fängt man dann irgendwann an, sich im eigenen Kreislauf zu drehen.“ (Frau M., Z. 245-248)
> „Ich glaube, institutionell, was ein Dienstgeber oder ein Arbeitgeber tun kann (,) ist Leute, die was Neues bekommen, (…), dass die (,) unterstützt werden.“ (Frau M., Z. 240-243)

Dies sollte entweder intern passieren, indem beispielsweise Vorgesetzte unterstützend wirken können. Oder es sollte externe Hilfe, etwa durch Coaching, herangezogen werden. Des Weiteren wäre auch Supervision eine mögliche Alternative. Denn beides hilft der Person, sich selbst und das eigene Handeln reflektieren zu können. Ebenso lernt man dadurch abzuschalten und bewusst Pausen einzulegen, was hilft, den eigenen Körper wieder wahrnehmen zu können.

> „Man hat dann die Möglichkeit mal n bisschen rauszugehen und mal drauf zu schauen. Und auch aus einer entspannten und (…) aus einer angeleiteten Situation heraus Entscheidungen treffen zu können und zu wissen, ok die habe ich jetzt nicht überhastet getroffen, sondern da kann ich dahinter stehen und ich weiß, warum ichs gemacht habe. Und das entspannt ungemein.“ (Frau M., Z. 252-256)

Supervision, Coaching und anderes hilft somit, Klarheit zu bekommen, was man selbst erreichen möchte und wie man sein Handeln reflektieren kann. Dadurch gewinnt man Sicherheit, dass z. B. eine bestimmte Maßnahme bewusst getroffen wurde. Regelmäßige Reflexion hilft dabei, selbstbestimmt und wohlüberlegt Entscheidungen treffen zu können und das mit wenig Druck. Alle sollten also

> „(…) prüfend auf das schauen, was [sie tun]. (…) Bewusst abschalten. (…) sich zentrieren (…), auf sich selber hören. Weil der Körper gibt einem Zeichen (.) Das ist ein wichtiger (…) Aspekt (…) sich selber trauen zu sagen ‚des ist mir zu viel'." (Frau M., Z. 76-82)

Nach diesem Überblick wird bereits ersichtlich, dass Frau M. viele Erfahrungen mitbringt. Sie kennt sich in der Burnout-Thematik aus und hat ihre eigenen Theorien dazu entwickelt. Um diese noch präziser darzustellen, werden nun die Überkategorien gebildet, denen die bisher genannten Sequenzen zugeordnet werden. Im Folgenden werden die endgültigen Kategorien genannt.

6.2.2 Rekonstruktion der übergeordneten Kategorien des Interviews

Um die Inhalte des Interviews genauer interpretieren zu können, wurden aus den oben beschriebenen Unterkategorien folgende übergeordnete Kategorien entwickelt:

Obwohl Frau M. selbst einmal Betroffene war, stellt sie während des Gesprächs Burnout immer wieder als Modekrankheit dar. Sie beschreibt, dass es viele Betroffene bevorzugen, an Burnout zu leiden, anstatt sich Depressionen einzugestehen. Dies erklärt sie sich dadurch, dass Letzteres in der Gesellschaft eher negativ belastet ist. Frau M. weiß aus eigener Erfahrung, dass Burnout nicht unbedingt anerkannt wird, da es theoretisch keine Krankheit ist. Dies macht es jedoch für die Betroffenen sehr attraktiv. Problematisch findet sie, dass Burnout zwar bekannt ist, dennoch erst nach einem körperlichen Zusammenbruch ernst genommen wird, obwohl es dann bereits zu spät ist. Ihren Aussagen zufolge ist Burnout keine Krankheit, die eine außergewöhnliche Bedrohung darstellt, doch ist die Gefahr von Burnout nicht ganz zurückzuweisen. Daraus ergibt sich folgende *1. Kategorie:* Doppeldeutigkeit von Burnout: Modewort und ernst zu nehmendes Risiko

Frau M. sprach sehr häufig die Arbeitsbedingungen in sozialen Berufen an. Für sie spielen diese eine wesentliche Rolle, ob ein Mensch an Burnout erkrankt oder nicht. Da sie selbst nach ihrem Klinikaufenthalt in den Beruf zurückgekehrt ist, musste sie sich mit diesen Rahmenbedingungen auseinandersetzen, um einem Rückfall vorzubeugen. Für sie ist klar, dass es einen Zusammenhang zwischen Erschöpfung und Arbeit gibt. Besonders die Organisationsstrukturen in sozialen Unternehmen hinterfragt sie sehr kritisch. Dies führt zur *2. Kategorie*: Die Rahmenbedingungen in sozialen Berufen begünstigen Burnout.

Frau M. hat die Ausbildung zum Coach gemacht, um Menschen zu unterstützen, die eventuell in einer ähnlichen Situation sind wie sie selbst vor ihrem Erschöpfungszustand. Während des Interviews hat sie auch immer wieder bestätigt, dass es für Arbeitnehmende förderlich ist, wenn sie durch Coaching unterstützt werden. Sie ist davon überzeugt, dass man auf unterschiedliche Weise etwas gegen Burnout unternehmen kann, wenn man dies möchte. Daraus ergibt sich die *3. Kategorie:* Burnout-Prävention ist möglich.

6.3. Integrative texthermeneutische Analyse

6.3.1 Nachtranskription der Ankerbeispiele und Sequenz-Analyse

Zu den oben entwickelten Überkategorien werden nun die aussagekräftigsten Sequenzen mikrosprachlich nachtranskribiert und anschließend texthermeneutisch analysiert. Da jede Äußerung auch einen Gehalt hat, der über die Worte hinausgeht, kann dadurch der Sinn des Gesagten rekonstruiert werden.

6.3.1.1 Zur 1. Kategorie:
Doppeldeutigkeit von Burnout – Modewort und ernst zu nehmendes Risiko

Als es im Interview darum ging, ob Burnout anerkannt ist oder nicht, äußerte sich Frau M. wie folgt:

> Ich glaubs net, es ist ein MO:DEWORT, man hört es VIEL (.) ich glaube dass es für VIele auch beNUtzt wird wie=mir ist es grad alles zuVIEL (.) ich Glaub=ich=KRIeg=n BURNout, das HÖrt man ja RElativ=häufig wo ich=dann=immer=denke also wo auch ICH denke Ä:H jetzt schwätz aber . . ich glaub ich krieg n Bu:rnout=also (-) (Pause) (vgl. Frau M., Z. 192-195)

Diese Aussage übermittelt bereits beim ersten Lesen sehr deutlich, dass Frau M. Burnout als ein Modewort auffasst, da sie die Bezeichnung „MO:DEWORT" stark betont. Betrachtet man diese Sequenz etwas genauer, verbirgt sich jedoch noch mehr dahinter. Frau M. verwendet hier zwar selbst keine Metaphern, doch beschreibt sie, dass „VIele" den Begriff Burnout durchaus als Metapher verwenden, wenn sie überfordert oder überlastet sind. Dies führt sie an anderer Stelle nochmals an, als sie darüber berichtet, dass Burnout in gewissem Sinne beliebter sei als Depressionen.

Im zweiten Teil der Sequenz kommt sie auf ihre Einstellung zu sprechen. Sie wiederholt sich an dieser Stelle und sagt zweimal „ich denke“, wobei Frau M. das zweite „ich“ mehr betont. Daraus lässt sich schließen, dass sie sich ihrer Antwort sicher ist, sie denkt selbstständig, positioniert sich und entwickelt ihre eigene Theorie, welche sie vertritt.

Ihrer Meinung zufolge ist es lächerlich, wenn Menschen sich auf ein Burnout beziehen – offensichtlich ohne sich über die Hintergründe im Klaren zu sein. Deutlich wird dies durch ihre Wortwahl „A:H jetzt schwätz aber“ und durch den abrupten Satzabbruch am Ende. Interessant ist, dass diese Äußerung von ihr, als ehemals Betroffene, stammt, da man eigentlich Verständnis von ihr erwartet hätte. Da Frau M. im gesamten Verlauf des Interviews immer wieder davon spricht, dass Burnout vom sozialen Umfeld zu spät ernstgenommen wird, verwundert es weiter, dass sie in dieser Sequenz eher abfällig über Menschen spricht, die glauben, dass sie ein Burnout haben.

Betrachtet man jedoch die Gesamtgestalt zeigt sich, dass sie in dieser Sequenz auf das Unwissen vieler Menschen anspielt und nicht die konkreten Personen kritisiert. Burnout ist zu einem Modewort geworden, da viele Menschen es als Metapher benutzen, was unter anderem darin begründet wird, dass oft unklar ist, was Burnout überhaupt ist. Da Frau M. aus eigener Erfahrung weiß, wie ein Burnout verlaufen kann und wie es den Betroffenen dabei geht, findet sie es unangemessen, wenn Menschen voreilig ein Burnout heraufbeschwören.

Nicht ohne Grund hat sie nach ihrem Erschöpfungszustand die Ausbildung zum Coach gemacht. Dies zeigt, dass sie keinesfalls abfällig über die Menschen, die auf irgendeine Art und Weise belastet sind und Hilfe benötigen, urteilt, im Gegenteil. Doch sieht sie das Problem im Unwissen. Wenn man nicht weiß, wann Symptome tatsächlich Zeichen für eine Burnout-Krise sind, werden die verschiedensten Beschwerden einem Burnout zugewiesen und der Modecharakter immer weiter verhärtet.

Die Frage, ob es eher von Vorteil oder eher nachteilig ist, dass die Medien viel über Burnout berichten, bleibt für Frau M. offen: Einerseits könnten die Menschen dadurch zwar sensibilisiert werden, andererseits wird auch der Modecharakter weiter ausgebaut, je mehr darüber gesprochen wird.

Frau M. erzählt an anderer Stelle, dass sie auch andere Personen kennt, welche an einem Burnout leiden; es ist ihr also bewusst, dass dieses Thema durchaus ernst zu nehmen ist, obwohl es in der Gesellschaft als Modeerkrankung gilt.

6.3.1.2 Zur 2. Kategorie: Die Rahmenbedingungen in sozialen Berufen begünstigen Burnout

Frau M. sprach immer wieder die schlechten Arbeitsbedingungen in der Sozialen Arbeit an. Bereits am Anfang hat sie darauf hingewiesen, dass die Fälle in diesem Bereich immer mehr werden. Der Wandel der Sozialen Arbeit und die Ökonomisierung in diesem Sektor haben dabei große Auswirkungen auf das Individuum. In der ausgewählten Sequenz verbindet Frau M. die Strukturen mit den Gefühlen der Arbeitnehmenden:

> und wenn ich A:Ndere leu:te anschaue, die ich so KEnne, da hats AU:ch ganz Oft was mit dem zu tun=also so das GeFÜhl (.) ich kann tun und lassen was ich Wi:ll es, bewi:rkt NIchts die Strukturen lassen sich nicht ändern=und ich kann mich von dieser Art von Struktur auch nicht mehr . . (schnell) ICH kann mich in der Art von Struktur nicht mehr wiederfinden und (leise) das will ich eigentlich auch gar nicht. (vgl. Frau M., Z. 97-101)

Zu Beginn der Sequenz äußert sich Frau M. sehr ruhig und wohlüberlegt. Sie spricht zunächst über Burnout-Ursachen, die sie bei anderen Personen beobachtet hat. Dass es hierbei nicht um sie selbst geht, äußert sie zum einen durch die Lautstärke, zum anderen durch das Dehnen der Wörter: „A:Ndere[n] leu:te[n]" (s. o.). Sie spricht also zunächst über ihre persönlichen Erfahrungen mit anderen Betroffenen, stellt im zweiten Teil der Sequenz jedoch ihre eigene Wahrnehmung dar, was sie durch die Betonung des ‚ICHs' erkennen lässt. Da Frau M. am Ende der Sequenz außerdem recht schnell spricht und zudem noch sehr leise wird, kann man darauf schließen, dass sie sich selbst, ebenso wie die anderen Leute, nicht mehr in der Arbeitsstruktur wohl gefühlt hat, bzw. sich nicht mehr damit identifizieren konnte und wollte. Das Phänomen, das sie hier beschreibt, wird häufig als „innere Kündigung" bezeichnet, was ein Symptom für Burnout sein kann.

Betrachtet man diese Sequenz genauer, lässt sich der Verlauf von Burnout erkennen. So beschreibt Frau M. zunächst Beschäftigte, die motiviert sind: „ich kann tun und lassen was ich Wi:ll" (s. o.), d. h. es wird versucht, durch diverse Anstrengungen etwas an den Rahmenbedingungen zu ändern, doch tritt keine Besserung ein. Sobald Mitarbeitende diese Erkenntnis gemacht haben, kommt es zu Ernüchterung, da sich der energiereiche Einsatz nicht ausgezahlt hat. Die Motivation sinkt und sie können sich mit der Arbeit, die zuvor mit Leidenschaft ausgeführt wurde, nicht mehr identifizieren. Und was entscheidend ist: „das will ich eigentlich auch gar nicht" (s. o.). Die Arbeitnehmenden wollen sich nicht mehr mit der Arbeit identifizieren. Sie sind an einem Punkt angelangt, an dem sie – wenn überhaupt – nur noch Routinearbeiten erledigen. Dies ist ein Zeichen dafür, dass die Erschöpfung mittlerweile groß ist und ein Burnout-Zusammenbruch nicht mehr weit entfernt. Dass Burnout ein schleichender Prozess ist, erläutert Frau M. an anderen Stellen im Interview ebenfalls, wo sie auch beschreibt, dass es schwierig ist, die „Spirale nach unten" rechtzeitig von alleine zu erkennen.

Auffallend ist, dass Frau M. in dieser Sequenz nicht mehr die selbstbestimmte Rolle einnimmt wie in der vorherigen. Ihre Ausdrucksweise lässt erkennen, dass sie sich von außen sehr stark beeinflusst fühlt. Obwohl Frau M. sehr selbstbewusst auftritt, übernehmen die Strukturen und die Rahmenbedingungen hier die Kontrolle über sie als Arbeitnehmerin. Was auch versucht wird: „es, bewi:rkt Nichts". Dies zeigt eine gewisse Machtlosigkeit oder Resignation, die auch durch das Dehnen und Betonen dieser Wörter durchklingt. Mit dieser wahrgenommenen Ohnmacht angesichts der übermächtigen Strukturen können sich die einzelnen Beschäftigten nicht mehr identifizieren.

Frau M. beschreibt auch in anderen Sequenzen diese Art von Ausgeliefertsein, beispielsweise wenn Mitarbeitende zu wenig Unterstützung beim Erledigen von Aufgaben erhalten und dadurch unter ständigem Druck und unter Angst, etwas nicht richtig zu machen, arbeiten müssen. Des Weiteren schildert sie, dass den Beschäftigten und den Trägern häufig die Hände gebunden sind, was die Finanzen angeht. Daraus ergeben sich häufig Sparmaßnahmen, durch die nicht nur der Zwang entsteht, einzelnen Mitarbeitenden immer mehr Arbeit zu geben, sondern oftmals auch die Klientel nicht ausreichend berücksichtigt werden kann.

Betrachtet man das gesamte Interview, lässt sich sagen, dass die Arbeitsbedingungen in der Sozialen Arbeit ein immer wiederkehrendes Thema von Frau M. waren. Ob sie bewusst den Schwerpunkt auf die Rahmenbedingungen gelegt hat, sei dahingestellt. Jedenfalls musste sie sich aufgrund ihres eigenen Erschöpfungszustand in der Vergangenheit bereits mit den Arbeitsstrukturen auseinandersetzen, besonders als es darum ging, nach dem Klinikaufenthalt wieder die alte Arbeitsstelle anzutreten. Die Rahmenbedingungen nehmen somit eine zentrale Rolle bei der Burnout-Diskussion ein, besonders in sozialen Berufen.

6.3.1.3 Zur 3. Kategorie: Burnout-Prävention ist möglich

Die Frage, ob Burnout vorgebeugt werden kann, reflektierte Frau M. folgendermaßen:

> Ja, prÜfend auf das schauen was ich tu:e. Ich finde ei:ne regelmäßige Supervision=regelmäßiges coaching i:st su:pER, weil es klÄrt für

> einen selbst, PAUsen EINhalten (7) Mhm (8) !BEWUSST! Abschalten. (12) also auch sowas=wie=dass ich in der Pause bewusst sage, so JEtzt mach ich einen strich, JEtzt mach ich etwas anderes, ich glau:be alles was mit KÖRperWAHrnehmung zu tun hat=was mit sich zenTRIeren zu tun hat=auf sich selber HÖ:ren, weil der Körper gibt einem ZEIchen. (.) das ist ein WICHtiger, (leiser) ein wichtiger Aspekt. (vgl. Frau M., Z. 76-81)

Frau M. ist sich sicher, dass man etwas gegen Burnout tun kann. Sie selbst ist dafür ein Beispiel; schließlich ist es ihr gelungen, nach ihrem Klinikaufenthalt wieder in ihre vorige Arbeitsstelle einzusteigen. Dass es ihr persönlich wichtig ist, präventiv gegen Burnout vorzugehen, zeigt die Ausbildung zum Coach, die sie absolviert hat. Dadurch kann sie nun auch andere Menschen unterstützen und vor einem möglichen Burnout bewahren. In dieser Sequenz spricht sie Möglichkeiten an, die helfen können, Burnout zu überwinden oder zu umgehen. Sie verwendet anfangs häufig Pausen oder spricht bestimmte Worte langsam aus. Dies deutet darauf hin, dass sie sich Zeit nimmt nachzudenken, was ihr selbst geholfen hat.

Im zweiten Teil der Sequenz kommt sie schließlich in einen Erzählfluss und nennt neben professioneller Hilfe, wie Supervision oder Coaching auch andere Dinge, die Arbeitnehmenden helfen können. Hierzu gehört besonders das Pausen einhalten; wobei sie nach einer Bedenkzeit sehr stark das ‚!BEWUSST[e]!‘ Abschalten betont. Es reicht also nicht, die aktuelle Tätigkeit ruhen zu lassen, man sollte sich auch in Gedanken davon trennen können. Auch betont sie ausdrücklich, wie wichtig die Körperwahrnehmung ist, da der Körper Zeichen gibt.

Anders als im zweiten Ankerbeispiel äußert sich Frau M. hier wieder sehr selbstbewusst. Sie legt ihre eigene Meinung offen und spricht aus, was auch ihr selbst geholfen hat. Besonders wichtig ist ihr dabei, dass Beschäftigte lernen, sich selbst und ihre Entscheidungen zu reflektieren. Sie selbst hat erwähnt, dass ihr Erschöpfungszustand so weit fortgeschritten war, dass bereits körperliche Symptomatiken aufgetreten sind. Eine regelmäßige und ernstgenommene Reflexion hätte ihr helfen können, die Zeichen des Körpers früher bewusst zu machen. Denn je besser man sich selbst und das eigene Handeln reflektiert, fallen erste Anzeichen von Burnout auf, bevor es zu schwereren Symptomen kommt.

Um ein Bewusstsein dafür zu bekommen, wäre es wichtig, dass bereits in der Ausbildung Erfahrungen zur Selbstreflexion gemacht werden können, z. B. durch Supervision. Dadurch können angehende Sozialarbeitende bereits lernen, wie man bestimmte Dinge von außen betrachten kann. Auch die Unterstützung anhand eines Coachs ist für sie eine Möglichkeit, den Arbeitnehmenden zu helfen, die Vogelperspektive einzunehmen und somit bewusste Entscheidungen treffen zu können.

Mit einem Blick auf das Gesamtinterview fällt auf, dass Frau M. die zweite Kategorie mit der dritten verknüpft. So legt sie dar, dass es in der Praxis oft schwierig ist, Supervision tatsächlich anzubieten, weil es durch die vielen Teilzeitstellen nahezu unmöglich ist, noch Zeit für Supervision freizuhalten. In der Sozialen Arbeit gibt es jedoch häufig Teilzeitstellen, wodurch Supervision nicht die geeignete Methode zu sein scheint. Daher nennt Frau M. als ersten und wichtigeren Schritt das Ändern der Arbeitsbedingungen, unter anderem weniger Teilzeitstellen, weniger befristete Stellen, weniger Druck, weniger Arbeitskapazität auf eine Person. Man kann also den Schluss ziehen, dass Organisationen durchaus präventiv gegen Burnout vorgehen können.

Dass aber auch das Individuum selbst etwas dazu beitragen muss, erklärt Frau M. aus eigener Erfahrung: Wer die körperlichen Zeichen nicht wahrnimmt und nicht eingreift, geht zwangsläufig in die Burnout-Falle. An dieser Stelle kann man sogar den Bogen zur ersten Kategorie schlagen, denn die Gesellschaft trägt ebenfalls ihren Teil dazu bei, ob dem Phänomen Burnout viel oder wenig Bedeutung zukommt.

Als Ergebnis ist festzuhalten, dass man einem Burnout auf jeden Fall nicht hilflos ausgeliefert ist, sondern präventiv dagegen vorgehen kann.

6.4 Bezug der Kategorien zu theoretischen Argumentationen

Zu Kategorie 1: In den ersten Kapiteln der Arbeit wurde bereits vorhandene Literatur zum Thema Burnout dargestellt. Daraus ging hervor, wie schwierig es ist, den Begriff zu definieren, da Ursachen, Symptome und Verlauf sehr unterschiedlich sein können, teilweise jedoch wenig trennscharf miteinander vermischt dargestellt werden. Deshalb kam es zu der beschriebenen Verwendung des Begriffs als Metapher.

Auch Frau M. hat in ihrem Interview die Vielfältigkeit von Burnout angesprochen, weshalb sie ebenfalls zu dem Schluss kommt, dass Burnout den Charakter einer Modeerkrankung bekommen hat, die als Sammelbegriff für verschiedene Empfindungen von Überlastung steht. Gleichzeitig wird weder durch Frau M. noch durch die Literatur bestritten, dass die „Modeerkrankung" Burnout auch zur Gefahr werden kann, wenn nicht rechtzeitig eingegriffen wird (vgl. Phasenmodelle, insbesondere die daraus hervorgehende Suizidgefahr).
Man kann als Ergebnis also festhalten, dass Burnout den Charakter einer Modeerkrankung hat, jedoch nicht unterschätzt werden darf, da es seit mehreren Jahr-

zehnten konstant auftritt und in seinen individuellen, sozialen und gesellschaftlichen Auswirkungen ein durchaus ernstzunehmendes Phänomen darstellt.

Zu Kategorie 2: Da Frau M. selbst im Berufsfeld der Sozialen Arbeit beschäftigt ist, kennt sie die Arbeitsbedingungen aus eigener Erfahrung sehr gut. Hinzu kommt, dass sie selbst einen Erschöpfungszustand miterlebt und sich daher auch kritisch mit dem Thema auseinandergesetzt hat. Dass schlechte Rahmenbedingungen eine Ursache von Burnout sein können, wurde in Kapitel 3.4.4 *Mögliche Ursachen von Burnout* bereits beschrieben, dass aber besonders die Arbeitnehmenden in der Sozialen Arbeit damit zu kämpfen haben, wurde im Interview mit Frau M. deutlich.

Sie sprach die Ökonomisierung des Sozialen an, die eine Umgestaltung von sozialen Einrichtungen erforderlich machte. So besteht heute nicht mehr nur der Auftrag, Menschen zu unterstützen und zu befähigen, sondern die Organisationen müssen mit ihren Ressourcen kalkulieren und effizient wirtschaften. Dies steht oft im Widerspruch zu dem inneren Leitbild der Sozialarbeitenden.

Des Weiteren ist im Zuge der Ökonomisierung ein großer Wettbewerb entstanden, wodurch der Kostendruck immer weiter steigt. Um am Markt mithalten zu können, müssen die Einrichtungen also Sparmaßnahmen beschließen. In der Praxis sieht dies z. B. so aus, dass eine Mitarbeiterin oder ein Mitarbeiter immer mehr Klientinnen und Klienten betreut, dafür aber nicht mehr Mittel zur Verfügung bekommt, sodass sich der Druck, unter dem die Menschen arbeiten, permanent erhöht.

Zwar werden in sozialen Unternehmen oft Ehrenamtliche mit eingesetzt, doch bringt dies nicht immer die erhoffte Entlastung mit sich. Die vorherrschende Situation entspricht also dem Gegenteil, was aus Frau M.'s Sicht Burnout entgegenwirken könnte.

Sowohl in der Theorie als auch von Frau M. wird die Meinung vertreten, dass die Menschen ausbrennen, die sehr ehrgeizig sind, viel erreichen wollen und sich hohe Ziele stecken. Doch durch die Ökonomisierung wird es ihnen erschwert, diese Ziele zu erreichen. Allerdings muss darüber hinaus berücksichtigt werden, dass die Rahmenbedingungen nicht allein die Schuld an einem Burnout tragen. Denn sonst müsste man davon ausgehen, dass in naher Zukunft alle Menschen, die einen sozialen Beruf ausüben, ausbrennen. Hinzu kommen personeninterne Gründe, die nicht zu vernachlässigen sind. Dennoch geben die von Frau M. hervorgehobenen strukturellen Bedingungen der Sozialen Arbeit einen Hinweis, warum die Burnout-Fälle in diesem Sektor steigen.

Zu Kategorie 3: Man ist Burnout nicht hilflos ausgeliefert. Es gibt Möglichkeiten, ein Burnout zu überwinden oder gar nicht erst in eine solche Krise hineinzugeraten. Als sinnvoll nennt Frau M. Supervision, Unterstützung durch Coaching und Körperwahrnehmung. Dies sind Möglichkeiten – zum einen für das Individuum, zum anderen aus Sicht der Institution oder in Zusammenarbeit beider – Burnout entweder vorzubeugen oder zu überwinden.

Dies ist primär aufgrund der Gesundheit der Menschen wünschenswert, doch stellen auch die Kosten einen relevanten Faktor dar. Die Kosten, die Burnout-Betroffene für eine Einrichtung verursachen, sind immens. Dadurch, dass Burnout-Patientinnen und -patienten für eine überdurchschnittlich lange Zeit krankgeschrieben werden, hat ein Unternehmen große finanzielle Einbußen. Hinzu kommt, dass Betroffene durchaus auch ein zweites Mal in die Burnout-Falle geraten können. Daher erhält sowohl für das Unternehmen als auch für jeden Menschen die Prävention eine immer größer werdende Bedeutung. Aus diesem Grund werden im letzten Teil dieser Arbeit einige Maßnahmen genannt, um Burnout zu reduzieren, denn sicher ist: man kann etwas gegen Burnout tun, wenn man nur möchte.

6.5 Bezug der Ergebnisse zur Praxis der Sozialen Arbeit

Welche Schlüsse aus den Ergebnissen für die Praxis der Sozialen Arbeit zu ziehen sind und welche Elemente besondere Berücksichtigung finden sollten, wird im Folgenden diskutiert.

Menschen, die einen sozialen Beruf ausüben, sind von ihrer Persönlichkeit her sehr menschenorientiert, sonst hätten sie sich eher nicht für diesen Berufsweg entschieden. Fragt man Studierende im ersten Semester, warum sie sich für das Studium Soziale Arbeit entschieden haben, erhält man häufig die Antwort „Ich wollte etwas mit Menschen machen“. Dies wird auch im Interview von Frau M. deutlich, als sie beschreibt, dass man sich im sozialen Bereich besonders mit der Stelle identifiziert. Hinzu kommt, dass Menschen, die einen sozialen Beruf ausüben, oft sehr feinfühlig für Emotionen sind. Sie schenken ihren Klienten Wertschätzung, und möchten dies auch von ihrem Umfeld erfahren.

Hier birgt sich auch die Problematik, denn sobald die Wertschätzung seitens des Kollegiums, Vorgesetzten oder der Klientel ausbleibt, obwohl hohe Leistungen erbracht werden, kann es zu einer Missempfindung darüber kommen, dass die aufgewendete Energie nicht zurückfließt. Hält dieser Zustand länger an, kann sich dieser zu einem Burnout entwickeln.

Ebenfalls kann Burnout begünstigt werden, wenn das innere Leitbild von Sozialarbeitenden in der Praxis nicht ausreichend Berücksichtigung findet. Dies liegt häufig an den Folgen der Ökonomisierung, durch die Sozialarbeitende nicht mehr die Zeit für ihre Klientel aufbringen können, die sie eigentlich in Anspruch nehmen sollten oder wollten.

Menschen in sozialen Berufen zeigen Einsatzbereitschaft, obwohl ihnen (meist) bekannt ist, dass sich ihr Einsatz in der Wirtschaft finanziell mehr auszahlen würde. Dennoch haben sie sich bewusst für den sozialen Berufsweg entschieden. Sowohl in der Literatur als auch von Frau M. wird dies mit den Idealen begründet, die sich diese Personen gesteckt haben. Gerade Berufseinsteigerinnen und -einsteiger sind sehr motiviert und wollen durch ihre Arbeit etwas initiieren, zuwege bringen und die Klientel unterstützen. Hier besteht die Burnout-Gefahr in den zu hoch gesteckten Vorsätzen und Erwartungen, denn dadurch werden die eigenen Grenzen häufig überschritten.

Frau M. hat an dieser Stelle deutlich gemacht, dass es wichtig ist, bewusst die Entscheidungen und das eigene Handeln zu reflektieren. Die Arbeitnehmenden eines sozialen Berufs bringen hohes Engagement mit, welches von der Klientel und der Umwelt auch eingefordert wird. Schließlich kann man Menschen nicht einfach ‚ausschalten' wie eine Maschine. Hier ist es besonders wichtig, auf körperliche Signale zu achten, wie Frau M. beschrieben hat. Es gilt, seine eigenen Grenzen wahrzunehmen, auch wenn – oder gerade weil – gegenüber eine Klientin, ein Klient sitzt. Die Warnsignale des Körpers werden jedoch größtenteils eher verdrängt, da man sich keine Zeit dafür nimmt. Doch handelt man nur dann professionell, wenn man reflektiert handelt und bewusste Entscheidungen treffen kann.

Aus den Ergebnissen lässt sich weiterhin folgern, dass in der Sozialen Arbeit häufig die Mittel fehlen: Leistungen werden gekürzt und es wird überall gespart, am meisten am Personal. Deshalb häufen sich bei den einzelnen Sozialarbeitenden Überstunden an und es entsteht Dauerstress, um der Klientel annähernd gerecht zu werden. Oft spart die Organisation an Weiterbildungsmöglichkeiten und selten rechtfertigen die Löhne das hohe Engagement der Mitarbeitenden. Stress, Überforderung und eine schlechte Arbeitsgestaltung scheinen die sozialen Berufe auszuzeichnen.

Hinzu kommt, dass es in der Sozialen Arbeit wenig konkrete Ziele gibt, oder wie Frau M. es beschrieben hat, dass die Vision, wo es hingehen soll, fehlt. Eine Maschine produziert zehn Teile in einer Stunde. Dann wird eine Maschine entwickelt, die das Doppelte in der gleichen Zeit herstellen kann. Der Erfolg liegt auf der Hand. Doch wie misst sich der Erfolg in der Sozialen Arbeit? Das Verhältnis von Aufwand und Ergebnis ist nicht (immer) ersichtlich und somit sind die Erfolgsaussichten unvorhersehbar. Klientinnen und Klienten werden zwar beraten und unterstützt, ob sich ihr Zustand aber aufgrund dessen bessert, lässt sich nicht immer festlegen. Ebenso ist nicht absehbar, ob die Probleme der

Klientel dauerhaft fern bleiben, oder ob sie kurze Zeit später erneut einen Beratungstermin wünschen.

Da Sozialarbeitende die Verantwortung für das Gelingen eines Auftrages haben, zeigen sie sich auch gegenüber den Kostenträgern verantwortlich. Selten sind jedoch konkrete Zahlen vorhanden, weshalb die eigene Arbeit durch schlagkräftige Argumente verteidigt werden muss. Für die Beschäftigten ist dies oft mit zusätzlicher Belastung verbunden.

Frau M. ist sich sicher, dass es hilfreich wäre, klare und erreichbare Ziele festzulegen, weil dadurch deutlich wird, welche (Teil-)Erfolge bereits erzielt wurden. Ziele zu setzen bringt ihrer Meinung nach nicht nur Motivation, sondern auch Erfolge, und dies nicht nur im sozialen Bereich: Damit die Soziale Arbeit überall als Profession ernstgenommen wird, bedarf es weiteren innovativen, zielführenden Umstrukturierungen auf organisationaler Ebene.

Diese Punkte müssen jeder Sozialarbeiterin und jedem Sozialarbeiter bekannt und bewusst sein. Sie sollten von Arbeitnehmenden und Arbeitgebern reflektiert und verbessert werden, da sonst potentiell immer mehr Menschen an Burnout erkranken. Die Soziale Arbeit hat den Auftrag, Menschen zu unterstützen und zu befähigen, so sollten auch die Sozialarbeitenden Unterstützung erhalten, um handlungsfähig zu bleiben.

Aus den Ergebnissen des narrativen Interviews wurde unter anderem deutlich, dass Prävention unabdingbar ist. Zwar sollte Burnout als Gefahr nicht überbewertet werden, da das Phänomen dennoch immer wieder auftritt und die Fälle merklich steigen, darf man es jedoch auch nicht nur als Modeerkrankung abtun, sondern sollte sich darüber informieren und versuchen, etwas gegen Burnout und für dic Gesundheit der Arbeitnehmenden zu tun.

Im folgenden Teil werden die dargestellten Ergebnisse im Hinblick auf die zugrundeliegende Fragestellung dieser Arbeit und im Zusammenhang mit der Praxis der Sozialen Arbeit diskutiert. Im vorangegangenen Teil kristallisierten sich bereits verschiedene Konsequenzen für die Soziale Arbeit heraus. Dabei wurde deutlich, dass besonders der Prävention und Intervention von Burnout besondere Aufmerksamkeit geschenkt werden sollte. Nachfolgend wird daher auf diesen Aspekt genauer eingegangen.

7. Prävention und Intervention

Wie oben beschrieben, hat Burnout in der Gesellschaft den Charakter einer Modeerkrankung, der durch mangelndes Hintergrundwissen einerseits und mediale Überbewertung anhand einzelner prominenter Fälle andererseits begründet werden kann. Als tatsächliches Gesundheitsrisiko wird Burnout gesellschaftlich meist erst im Zusammenhang mit einem körperlichen Zusammenbruch anerkannt. Dass sich Burnout jedoch vorzeitig ankündigt, wird selten diskutiert. Es bedarf daher einer weiteren Sensibilisierung der Öffentlichkeit, damit Präventions- und Interventionsmöglichkeiten überhaupt fruchten können.

Wie bei allen Krisen ist es am besten, in keine hineinzugeraten. Daher ist die Prävention ein wichtiger Schritt, da so Krisen abgewendet werden können. Doch muss auch den Menschen geholfen werden, die bereits in einer Notlage stecken. Hier kommen Interventionsmaßnahmen zum Zug. Das Bewusstsein der Menschen muss dahingehend gestärkt werden, dass nicht weggesehen, sondern eingegriffen wird, wenn Anzeichen von Burnout auftreten. Den Betroffenen müssen Hilfestellungen gegeben werden, damit ihre Lage wieder verbessert werden kann.

Im Folgenden werden einige Aspekte genannt, die zeigen, wie man präventiv gegen Burnout vorgehen kann und wie Interventionen aussehen können. Es handelt sich hierbei um keine vollständige Nennung der Möglichkeiten, da dies den hier gegebenen Rahmen sprengen würde. Ziel ist es, dass in sozialen Berufen Tätige einen Einblick erhalten, was grundsätzlich möglich wäre.

Da es unterschiedliche Ursachen und Symptome von Burnout gibt und sich auch der Verlauf individuell vollzieht, müssen auch die Interventionsmethoden auf den Einzelfall angepasst werden. Dies ist in der Praxis oft schwierig, da die meisten Interventionen sehr unspezifisch sind. (vgl. Burisch 2006, S. 246)

7.1 Burnout-Prävention für Fachkräfte der Sozialen Arbeit

In der Burnout-Forschung wurde das Augenmerk hauptsächlich auf die Menschen gerichtet, die unter Burnout leiden. Dadurch wurde zwar die Vielschichtigkeit von Burnout deutlich, doch brachte dies wenig Erkenntnis darüber, wie man dem entgegenwirken kann. Irmhild Poulsen ist Sozialarbeiterin und bildet Fachkräfte für die Soziale Arbeit aus. Dies gab ihr den Anlass, ein Forschungsprojekt durchzuführen, bei dem sie Fachkräfte der Sozialen Arbeit aufgesucht hat, die trotz langjähriger engagierter Arbeit *nicht* ausgebrannt sind. Sie betrachtete also nicht die bereits Ausgebrannten, sondern diejenigen, die gesund geblieben sind. Poulsen erforschte, wie die von ihr betreuten Führungskräfte mit Stress umgehen und welche Sichtweisen und Haltungen sie gegenüber der Arbeit haben, da sich diese positiv auf ihre Gesundheit ausgewirkt haben. Ihr ist es sehr wichtig, dass Menschen in sozialen Berufen den Alltagsherausforderungen gewachsen sind. Ihr Anliegen ist es, diesen Menschen Tipps zu geben, wie sie ihren Beruf ohne Burnout engagiert und zufriedenstellend ausführen können. Aus den Ergebnissen, die Poulsen durch die Befragung der Fachkräfte erhalten hat, konnte sie verschiedene Aspekte der Gesunderhaltung im Berufsfeld der Sozialen Arbeit herausarbeiten. Diese hat sie in folgenden acht Säulen zusammengefasst:

> „1. Selbsterkenntnis – Bewusstheit/Bewusstsein – innere Klarheit
> 2. Grenzen erkennen und setzen können, Nein sagen
> 3. Gelassenheit und Optimismus
> 4. Hobbys, Ausgleich, Sport, Bewegung
> 5. Gute Kollegen, ein gutes Team
> 6. Um Hilfestellung bitten können
> 7. Soziale Netzwerke – Familie, Freunde
> 8. Humor, Spaß und Freude“
> (Poulsen 2009, S. 127)

Wer sich diese acht Punkte vor Augen führt und regelmäßig reflektiert, wird frühzeitig feststellen, wann in welchem Bereich Probleme oder Unzufriedenheit auftauchen. Durch dieses Bewusstsein können die eigenen Kompetenzen und Bewältigungsressourcen rechtzeitig einsetzen und für Stabilität sorgen. Dadurch entsteht Ausgeglichenheit, wodurch Burnout potentiell verhindert werden kann. Denn

> „[d]er Schlüssel zum Wohlbefinden in diesem Berufsfeld liegt in der Balance der vier grundlegenden Lebensbereiche: dem mentalen, sozialen, spirituellen und körperlichen Leben.“ (ebd., S. 127)

Den präventivsten Weg sieht Poulsen darin, den Fokus auf die Ausbildung zu legen. Schließlich soll den angehenden Arbeitskräften der Sozialen Arbeit ein Bewusstsein für die Prävention des durchaus möglichen Burnouts geschaffen werden. Sie sollen lernen, wie sie mit belastenden Alltagssituationen umgehen können, damit sie seelisch und körperlich gesund bleiben. Poulsen nennt einige Fähigkeiten, die in der Ausbildung unbedingt vermittelt werden sollten:

> „sich gut abgrenzen können; ohne schlechtes Gewissen ‚nein' zu sagen; delegieren können; um Hilfe bitten zu können; gemeinsam reflektieren und sich auszutauschen; sich Zeit und Muße zum Nichtstun nehmen; dem Leben und Wirken im Berufsfeld Soziale Arbeit einen Sinn zu geben; auch mal albern sein; ..." (ebd., S. 128)

Ein wichtiger Schritt der Burnoutprävention ist es also, die Menschen zu sensibilisieren und ein Bewusstsein für die Krankheit zu entwickeln. Bereits in der Ausbildung sollten die Personen die Möglichkeit haben, sich gewisse Fähigkeiten anzueignen, die ihnen helfen, ihr eigenes Handeln, die eigenen Gefühle aber auch die Strukturen, in denen sie arbeiten, zu reflektieren und zu evaluieren. Auf diese Weise lernen Sozialarbeitende, wie sie eine Balance zwischen Arbeit, Familie und Freizeit herstellen können. Nur wer richtig reflektiert, kann auf Dauer professionell handeln.

Welche Präventions- und Interventionsmethoden es gibt, wird nachfolgend beispielhaft aufgelistet. Burisch nennt, in Anlehnung an Schaufeli und Enzmann (1998, Kap. 6), insgesamt 35 Interventionstypen. Hier werden lediglich einige wesentliche genannt. In der Literatur werden häufig drei Ansatzpunkte unterschieden: man kann beim Individuum ansetzen; sieht den Einzelnen im Zusammenhang mit der Organisation oder aber man setzt bei der Organisation an. (vgl. Burisch 2006, S. 247) Diese Einteilung ist einleuchtend, da Burnout sowohl durch personenexterne als auch durch personeninterne Faktoren entstehen kann.

7.2 Möglichkeiten des Individuums

Gesunde Lebensweise: Hier ist hauptsächlich die Ernährung und Bewegung gemeint. Wer sich gesunde Essmanieren aneignet und zum Ausgleich sportlich betätigt, tut zweifelsohne etwas Gutes für die Gesundheit und Ausdauer. So ist Sport häufig auch ein wichtiger Bestandteil bei Therapien.

Selbst-Diagnose: Es gibt ein hohes Angebot von Fragebögen zur Messung von Burnout. (Die Qualität der einzelnen Instrumente sollte jedoch hinterfragt werden, s. Kapitel 3.4.2 *Messung von Burnout*). Ein entsprechendes Ergebnis kann durchaus einen Warnschuss liefern, der Bedrohte oder bereits von Burnout Betroffene ‚weckt' und anregt, etwas gegen die (drohende) Krise zu tun.

Selbst-Diagnose beinhaltet aber auch, dass man weiß, was Anzeichen für Burnout sein können und diese durch Reflexion rechtzeitig erkennt und ihnen entgegenwirkt. Gerade Sozialarbeitende haben eigentlich eine gute Wahrnehmung der Klientel und deren Anliegen gegenüber, doch sollten sie diese Fähigkeit auch für sich selbst nutzen und z. B. körperliche Befindlichkeiten bewusst wahrnehmen.

Selbst-Aufmerksamkeit: Hierunter wird beispielsweise das Stresstagebuch verstanden. In einem Stresstagebuch werden Stressauslöser („Konflikt mit Kollegen“), die Uhrzeit („9:30 Uhr“), die Stressaktion („nichts können die Kollegen alleine“), die Handlung („ich knalle ihm die Akten auf den Tisch und sage, er soll alles nochmal machen“) und der Körpercheck („mein Herz rast und ich habe Schwindelgefühle“) notiert. Nach einer Weile wird eine Stresskarte erstellt, aus der sich erschließen lässt, in welchen Situationen negativer Stress entsteht. Die Betroffenen können sich dann Strategien aneignen, die ihnen helfen, in einer akuten Stresssituation bewusst gegenzusteuern. Das Stresstagebuch kann Betroffenen also helfen, sich selbst besser zu reflektieren und passende Methoden zur Stressbewältigung zu finden.

Entspannungstraining wie autogenes Training oder progressive Muskelentspannung nach Jacobson. Diese Methoden helfen Betroffenen, in angespannten stressigen Situationen für einen Moment „abzuschalten“ und „herunterzufahren“, um sich nicht in der Arbeit zu „verrennen“, sondern den Überblick und die Ruhe zu bewahren. (vgl. Burisch 2006, S. 247-248)

7.3 Möglichkeiten im Kontext Individuum – Organisation

Work-Life-Balance: Dieser Begriff steht für die Vereinbarkeit von Familie, Privatleben und Beruf. Um die Balance zu erreichen, müssen sowohl individuelle Einstellungen und Zielsetzungen, als auch betriebliche und gesellschaftliche Bedingungen betrachtet werden. Organisationen, die eine Work-Life-Balance ermöglichen, verringern das Burnout-Risiko.

Individuelle kollegiale Unterstützung: Dies ist eine Beratungsform, die in einer Gruppe stattfindet. Raum und Zeit dafür stellt die Organisation zur Verfügung. Die Teilnehmenden beraten sich zu komplexen Fallsituationen im Berufsalltag mit dem Ziel, verschiedene Lösungsideen zu entwickeln. Diese Methode kann helfen, Probleme besser zu bewältigen, Kooperations- und Führungsverhalten zu entwickeln und Entscheidungen zu treffen. Belastungen werden vermindert, da die Sicherheit gegeben ist, dass das Kollegium durch die Beratungsrunde bereits von potentiellen Problemen weiß und zur Lösungsfindung selbst beitragen kann. Diese Methode kann eine kostengünstige Variante der Supervision sein.

Coaching und Beratung: Hier werden Professionelle mit einbezogen, die bestenfalls keinen direkten Bezug zur Organisation bzw. zu Mitarbeitenden und Klientel haben und dadurch die Problemfälle objektiv bewerten können. Hierunter fällt auch das Stichwort Supervision, was Mitarbeitenden helfen kann, Problemfälle zu diskutieren und eigene Handlungen zu reflektieren. Besonders wenn Mitarbeitende mit neuen Aufgaben konfrontiert oder befördert werden, kann es hilfreich sein, ihnen durch einen Coach Unterstützung zu bieten. (vgl. Burisch 2006, S. 248-249)

7.4 Möglichkeiten der Organisation

Mitarbeiterbefragungen und psychosozialer Check-up: Es ist hilfreich, wenn ein Unternehmen sich bemüht, ein Bild vom Gesundheitsstand seiner Mitarbeitenden zu machen. Dies kann durch anonyme Fragebögen geschehen, die unter anderem auch Stress und Burnout berücksichtigen. Solche Umfragen können helfen, das Thema aus der Tabuzone zu befreien. Dies jedoch nur, wenn Fragebögen nicht pro forma erhoben werden, sondern tatsächlich über die Ergebnisse diskutiert wird und nötige Veränderungen eingeleitet werden. Zeigt der Arbeitgeber Interesse an der Gesundheit des Personals, vermittelt dies auch ein Gefühl von Wertschätzung und kann zu einer positiven Atmosphäre im Unternehmen beitragen.

Arbeitsgestaltung: Eine schlechte Arbeitsplatzgestaltung kann Burnout verursachen. Daher ist es wichtig, dass sich die Organisation darüber bewusst ist und die nötigen Mittel wie angemessene Räume, Beleuchtung, Belüftung, … zur Verfügung stellt. Außerdem sollte maßloses Überstundenschreiben von der Führung erkannt, reflektiert und durch Veränderungen verringert oder verhindert werden. Auch andere Arbeitsstrukturen, wie Arbeits- und Pausenzeiten oder auch Rollenkonflikte sollten ernsthaft in der Führung ausdiskutiert werden.

Weiterbildung: Dies ist nicht nur bei Arbeitsplätzen, die mit sich permanent weiter entwickelnden PC-Programmen oder Techniken arbeiten, wichtig. Auch in sozialen Berufen gibt es stetig Veränderungen und Neuerungen. Es ist wichtig, dass dem Personal Weiterbildungsmöglichkeiten angeboten werden, wenn sich z. B. die Klientel verändert. Auch kann es hilfreich sein, an Kommunikations- oder Konfliktbewältigungstrainings teilzunehmen. Dies kann etwaigen Überforderungen und Ängsten entgegenwirken und somit auch Burnout verhindern. (vgl. Burisch 2006, S. 250-252)

Es wird deutlich, dass es verschiedene Varianten der Prävention gibt. Jede Person und jedes Unternehmen sollte für sich überlegen, welche Möglichkeit sinnvoll und angebracht ist. So muss die Supervision, die oft mit hohen Kosten verbunden ist, nicht immer die beste Entscheidung sein. Auch kostengünstigere Methoden können den erwünschten Effekt erbringen. Des Weiteren sollte eine Einrichtung nicht nur die Mitarbeitenden auf Weiterbildungen schicken, wo sie lernen, Stress zu bewältigen. Primäres Ziel muss sein, die betrieblichen Ursachen von Stress zu identifizieren und diesen entgegenzuwirken. Arbeitnehmende müssen für sich selbst sorgen, doch sollte es auch die Absicht des Betriebes sein, die Arbeitsbedingungen gesundheitsbewusst zu gestalten.

8. Das Helfersyndrom und Burnout in der Sozialen Arbeit

Theoretisch kann jeder Mensch an dem Burnout-Syndrom erkranken. Und dennoch hat es für die sozialen Berufe eine besondere Bedeutung. Nicht ohne Grund wurde Burnout zunächst nur in Verbindung mit helfenden Berufen genannt und erforscht. Lange Zeit sind andere Berufsbranchen außer Acht gelassen worden. Es muss also tatsächlich eine erhöhte Burnout-Gefahr in sozialen Berufen geben. In diesem Zusammenhang kommt oft der Begriff „Helfersyndrom" auf, den Wolfgang Schmidbauer geprägt hat. Inwieweit dieser Begriff etwas mit Burnout zu tun hat, wird im Folgenden geklärt.

Schmidbauer hat den Begriff Helfersyndrom eingeführt. In der Literatur wird er jedoch häufig falsch verwendet. Wer vom Helfersyndrom betroffen ist, hat ein geringes Selbstwertgefühl und sucht daher nach Bestätigung und Kontrolle, die er, sie glaubt, im Helfen zu finden. Betroffene lehnen bei der Hilfe jegliche Unterstützung durch andere ab und erwarten von den Menschen, denen sie helfen, Dankbarkeit und Anerkennung. Die eigenen Grenzen nehmen sie oft nicht wahr und sie ignorieren eigene Bedürfnisse und Wünsche.

> „Der Helfersyndrom-Helfer meidet alle sozialen Beziehungen, in denen er nicht der Gebende, der Stärkere, der Versorgende ist. Eine Frau mit Helfersyndrom geht z. B. auf eine Party, um einen Mann kennen zu lernen. Sie kommt mit einigen ins Gespräch (...), die attraktiv sind, bleibt aber schließlich mit einem zusammen, der ein Alkoholproblem hat und dem sie das Geld für die Rückfahrt mit dem Taxi zu seiner Wohnung auslegen muss. ‚Er hat mich am meisten gebraucht' wird sie vielleicht als Erklärung für ihr Verhalten sagen." (Schmidbauer 2002, S. 4-5)

Dieses Beispiel veranschaulicht sehr deutlich, dass sich Helfersyndrom-Betroffene an die „überlegene Rolle" klammern, d. h. dass sie sich bewusst schwächere Menschen suchen, damit sie selbst stärker erscheinen. Dies verschafft ihnen Sicherheit. (vgl. ebd., S. 6)

Helfen an sich ist natürlich nichts Schlechtes, doch kann der Zwang zu helfen auch eine Gefahr darstellen, die mit Burnout in Verbindung stehen kann. Da die eigenen Bedürfnisse und Wünsche unterdrückt werden, sind keine eigenen Ziele mehr vorhanden, die man verfolgt. Ebenso wird dadurch Unterstützung abgelehnt. Menschen mit einem Helfersyndrom setzen sich für andere ein, obwohl diese die Hilfe womöglich gar nicht in Anspruch nehmen wollen. Für die Professionellen der Sozialen Arbeit ist es daher wichtig, zu reflektieren und sich bewusst zu machen, ob man selbst unter dem Helfersyndrom leidet oder nicht.

Wenn ja, sollte versucht werden, das Selbstwertgefühl zu stärken und eventuell psychotherapeutische Behandlung in Anspruch zu nehmen. Denn eine Konsequenz ist nicht nur, dass die Gefahr, auszubrennen steigt, sondern auch, dass Menschen mit Helfersyndrom verlernen, professionell zu handeln. Außerdem wird häufig die Energie bei Menschen, die eigentlich gar keine Hilfe möchten, sozusagen vergeudet. Ein Helfersyndrom-Helfer hat es schlichtweg verlernt „Wesentliches von Unwesentlichem zu unterscheiden und so optimal zu arbeiten." (ebd., S. 11)

Das Helfersyndrom kann, neben den oben erwähnten Gründen, mit zu dem hohen Burnout-Gefährdungspotential in der Sozialen Arbeit beitragen. Daher sollten Sozialarbeitende dieses Syndrom erkennen können. Zum einen bei sich selbst, zum anderen bei den Mitarbeitenden. Da sich Betroffene selten selbst Symptome „zugestehen", sollte man nicht nur die persönliche Gesundheit im Blick haben, sondern auch die der Kolleginnen und Kollegen. Schließlich können sich diese oder auch Klientinnen und Klienten im Teufelskreis des Burnouts befinden. In solch einem Fall sollte man nicht wegschauen, sondern frühzeitig eingreifen, um Schlimmeres verhindern zu können. Denn Burnout ist ein schleichender Prozess; niemand erkrankt von heute auf morgen. Je früher man erste Warnsignale bemerkt, desto besser ist dies für die Erfolgschancen der Heilung.

Zwar sollte man Mitarbeitenden oder Klientinnen und Klienten nicht beim ersten kleinen Anzeichen eine drohende Burnout-Krise prognostizieren. Wenn sich der Verdacht allerdings verstärkt, sollten die Bedenken jedoch unbedingt angesprochen werden.

9. Zusammenfassung und Schlussbemerkung

Anhand der dargestellten Theorie und der Ergebnisse der exemplarischen Studie wurde ersichtlich, dass Burnout für die Ausübung sozialer Berufe bestimmend sein kann. Abschließend wird auf die Folgen von Burnout nochmals zusammenfassend eingegangen, unter Berücksichtigung der Bereiche Persönlichkeit, Arbeitsstrukturen, Gesellschaft.

Sozialarbeitende sind in den meisten Fällen feinfühlig für Emotionen; sie können Gefühle der Klientel sehr gut wahrnehmen. Diese emotionale Zuwendung wird von der Klientel auch eingefordert. Zwar ist diese Fähigkeit sehr hilfreich, doch muss das erwartete Verständnis und der Wunsch nach Unterstützung seitens der Klientel auch kritisch reflektiert werden können.

Ein typisches Beispiel aus der Praxis soll dies verdeutlichen: Freitagmittag, kurz vor Feierabend. Die Sozialarbeiterin, der Sozialarbeiter freut sich auf das Wochenende mit der Familie. Die Klientin, der Klient schildert Selbstmordgedanken. In diesem Fall gibt es keinen „Aus Knopf". Die Fachkraft kann die ratsuchende Person nicht einfach nach Hause schicken und Feierabend machen.

In sozialen Berufen arbeitet man mit Menschen zusammen, was auch eine besondere Art der Belastung mit sich bringt. Schon aus diesem Grund ist eine regelmäßige Reflexion und Evaluation äußerst wichtig, um professionell zu handeln und einem Burnout zu entgehen.

Der Trend der Gesellschaft ist momentan, dass alles gut und günstig sein soll. Dadurch haben sich auch die Rahmenbedingungen und Anforderungen der Sozialen Arbeit verändert. Der Kostendruck wirkt sich auf die Träger und somit auf die Arbeitsbedingungen aus: Mangelnde Mittel führen zu steigender Arbeitsintensität. Es kommt zu einem problematischen Personalschlüssel mit zu hohen Fallzahlen und zu wenig verfügbarer Zeit pro Fachkraft. Identifizieren sich die Sozialarbeitenden stark mit ihrer Arbeit und wollen den professionellen Standard, Menschen angemessen zu helfen, beibehalten, kommt es zu einem moralischen Dilemma: Das innere Leitbild der Fachkraft stimmt nicht mit dem wirtschaftlichen Ziel des Unternehmens überein. Diese Diskrepanz zwischen (idealer) Vorstellung und Realität zeigt sich in der Praxis häufig auch durch folgende Aussage: „Alles muss man dokumentieren, da bleibt doch gar keine Zeit mehr für die eigentliche Aufgabe, für die Klientin, den Klienten".

Dies kann unter Umständen dazu führen, dass sich Sozialarbeitende überlasten, bis sie sich letztlich nicht mehr mit der Arbeit identifizieren können. Diese

Widersprüchlichkeiten sind somit eine ernstzunehmende Gefahr. Sie können Burnout auslösen und sollten von den Beteiligten erkannt und behoben werden.

In der Sozialen Arbeit kommt erschwerend hinzu, dass deren Ergebnisse schwierig darzustellen sind. Oft fehlen auch klare Ziele, die erreicht werden sollen, sodass es aufgrund dessen nicht möglich ist, entsprechende Erfolge nachzuweisen. Lediglich die Klientinnen und Klienten bedanken sich eventuell nach einer erfolgreichen Beratung. Aufgrund dieser Arbeitsbedingungen sollte von Seiten der Personalführung regelmäßig ein angemessenes Feedback gegeben werden, um die Motivation aufrecht zu erhalten. Schon allein dadurch kann das Burnout-Risiko gemindert und die Arbeitszufriedenheit gesteigert werden.

Die Führungsebene sollte außerdem die Arbeitsgestaltung konsequent überdenken. Ziele sollten anhand der Leistbarkeit festgelegt werden. Auch die Aufgabenverteilung sollte durch die Stellenausschreibung eindeutig geregelt sein. Arbeits- und Gesundheitsschutz sollten nicht unterschätzt werden.

Gerade in Zeiten, in denen Kostendruck häufig an erster Stelle steht, sollten psychische Belastungen abgebaut werden. Zwar ist der Krankenstand gesunken, doch steigen die psychisch bedingten Fehltage weiter an (s. Kapitel 4.1 *Statistische Daten und Fakten*). Burnout-Betroffene fallen längerfristig aus, wodurch hohe Kosten für ein Unternehmen entstehen. Es ist also sinnvoller, im Voraus Geld in die Prävention zu investieren, anstatt die Gesundheit der Arbeitskräfte zu opfern und letztlich mehr Geld für die Rehabilitation auszugeben.

Für Menschen, die einen sozialen Beruf ausüben, ist es daher unabdingbar, ein Gespür für Burnout zu entwickeln. Und zwar nicht nur um der Klientel, sondern auch den Mitmenschen und sich selbst helfen zu können. Man kann keinem Menschen beweisen, dass er an Burnout leidet, doch kann man Vermutungen äußern, die Betroffene möglicherweise zum Nachdenken bewegen können.

Die vorliegende Arbeit wurde mit dem Interesse verfasst, das Burnout-Syndrom im Kontext der Sozialen Arbeit und der Gesellschaft zu erläutern. Hierbei standen die Konsequenzen, die sich für soziale Berufe ergeben, im Zentrum. Ebenso zielte sie darauf ab, die Professionellen der Sozialen Arbeit für das Thema Burnout zu sensibilisieren.

Die Ergebnisse weisen auf eine mehrfache Herausforderung der Sozialen Arbeit hin, da sich Burnout auf drei Ebenen abspielt: auf der individuellen, der gesellschaftlichen und der institutionell-arbeitsorganisatorischen Ebene.

Dieser Herausforderung muss durch ein Zusammenspiel verschiedener Kräfte begegnet werden: Führungskräfte aller Unternehmen müssen fähig sein, die eigenen Belastungen und die ihrer Mitarbeiter rechtzeitig zu erkennen und sensibel darauf reagieren zu können. Denn in Zeiten des Fachkräftemangels ist es besonders wichtig, auf motivierte und handlungsfähige Arbeitnehmende zählen zu können, da die Mitarbeitenden und ihr Wissen die wichtigsten Ressourcen jeder Organisation sind. Das Gesundheitsmanagement wird auf der Ebene der Arbeit somit immer bedeutsamer. Da Burnout weiterhin boomt, sollte das Personalmanagement das Thema Burnout-Prävention berücksichtigen und umsetzen, etwa durch Belastungs- und Stressreduktion.

Burnout sollte nicht als drohende Gefahr gesehen werden, die wie eine Gewitterwolke über dem Dienstleistungssektor – und besonders der Sozialen Arbeit – schwebt. Doch dürfen professionelle Sozialarbeitende nicht den Fehler begehen und das Thema als „Modekrankheit = unwichtig" abtun. Die Zahl der Betroffenen steigt, zudem gibt es eine große Dunkelziffer, da viele Betroffene noch gar nichts von ihrem Burnout wissen oder unter der Diagnose Depression behandelt werden.

Als Konsequenz ergibt sich somit, dass auch auf der individuellen Ebene etwas gegen Burnout unternommen werden kann. Professionelles Handeln zeichnet sich auch dadurch aus, dass man mit den eigenen Ressourcen haushalten kann. Frau M. gab hierzu einen wichtigen Hinweis: Der Körper ist das wichtigste Kapital. Jeder Mensch sollte sich dies vor Augen halten. Man muss seine Ressourcen mit seinen persönlichen Zielen abstimmen, nur so kann Selbstmanagement, welches heute unabdingbar ist, erfolgreich sein.

Die Soziale Arbeit hat im Rahmen des Doppelten Mandats auf der einen Seite den gesellschaftlichen Auftrag von Kontrolle und Anpassung an die bestehenden Normen und Werte zu erfüllen, zum anderen den Auftrag, die Klientinnen und Klienten zu unterstützen und ihnen Möglichkeiten zur Selbstbestimmung und Teilhabe aufzuzeigen. Dieser Auftrag kann nur dann verantwortungsvoll ausgeführt werden, wenn sichergestellt ist, dass es den ausführenden Fachkräften psychisch und physisch gut geht.

Zusammenfassend lässt sich sagen, dass Burnout aus allen in dieser Arbeit genannten Gründen ein diskussionswürdiges Thema ist, vor dem man die Augen nicht verschließen sollte. Es sind viele kleine Schritte, die in ein Burnout hineinführen, doch gibt es Wege, die daran vorbeigehen.

10. Quellenangaben

Aronson, E.; Pines A. M.; Kafry, D.: Ausgebrannt. Vom Überdruß zur Selbstentfaltung. Klett-Cotta, Stuttgart, 1983.

Atteslander, P.: Methoden der empirischen Sozialforschung. 13. Aufl. Erich Schmidt Verlag, Berlin, 2010.

Berndt, F.: 30 Minuten gegen Burn-out. GABAL-Verlag GmbH, Offenburg, 2008.

Böhnisch, L.: Sozialpädagogik der Lebensalter. Eine Einführung. 5. Aufl. Juventa Verlag, Weinheim und München, 2008.

Burisch, M.: Das Burnout-Syndrom. Theorie der inneren Erschöpfung. Springer-Verlag, Heidelberg, 1989.

Burisch, M.: Das Burnout-Syndrom. Theorie der inneren Erschöpfung. 3. überarbeitete Auflage, Springer-Verlag, Heidelberg, 2006.

Cherniss, C.: Staff Burnout. Job Stress in the Human Services. Sage, Beverly Hills, CA, 1980.

Deppermann, A.: Gespräche analysieren. Eine Einführung. 4. Auflage, VS Verlag für Sozialwissenschaften, Wiesbaden, 2008.

Dunkel, W.; Kratzer, N.; Menz, W.: „Permanentes Ungenügen" und „Veränderung in Permanenz" – Belastungen durch neue Steuerungsformen. 2010. In: WSI Mitteilungen 7/2010.

Enzmann, D.; Kleiber, D.: Helfer – Leiden. Asanger-Verlag, Heidelberg, 1989.

Fengler, J.: Helfen macht müde. Zur Analyse und Bewältigung von Burnout und beruflicher Deformation. 2. Auflage, Verlag J. Pfeiffer, München, 1992.

Flick, U.: Triangulation. Eine Einführung. 2. Aufl. VS Verlag für Sozialwissenschaften, Wiesbaden, 2004.

Freudenberger, H. J.: Das Erschöpfungssyndrom von Mitarbeitern in alternativen Einrichtungen. In: Petzold, H.; Vormann, G.: Therapeutische Wohngemeinschaften: Erfahrungen – Modelle – Supervision. Verlag J. Pfeiffer, München, 1980.

Freudenberger, H. J.; Richelson, G.: Mit dem Erfolg leben. Heyne, München, 1983.

Freudenberger, H. J.; North, G.: Burnout bei Frauen. Über das Gefühl des Ausgebranntseins. Fischer Verlag, Frankfurt, 1992.

Graßl, H.; Bender, C.: Arbeiten und Leben in der Dienstleistungsgesellschaft. UVK Verlagsgesellschaft mbH, Konstanz, 2004.

Helfferich, C.: Die Qualität qualitativer Daten. Manual für die Durchführung qualitativer Interviews. 4. Auflage, VS Verlag für Sozialwissenschaften, Wiesbaden, 2011.

Hillert, A.; Marwitz, M.: Die Burnout Epidemie. Oder Brennt die Leistungsgesellschaft aus? Verlag C. H. Beck oHG, München, 2006.

Jäger, W.; Röttgers, K.: Sinn von Arbeit. Soziologische und wirtschaftphilosophische Betrachtungen. VS Verlag für Sozialwissenschaften, Wiesbaden, 2008.

Keller, R.: Diskursforschung: Eine Einführung für SozialwissenschaftlerInnen. 4. Auflage, VS Verlag für Sozialwissenschaften, Wiesbaden, 2011.

Kraft, H.: TABU. Magie und soziale Wirklichkeit. Walter/Patmos Verlag GmbH & Co. KG, Düsseldorf und Zürich, 2004.

Kroll, L. E.: Sozialer Wandel, soziale Ungleichheit und Gesundheit. Die Entwicklung sozialer und gesellschaftlicher Ungleichheiten in Deutschland zwischen 1984 und 2006. 1. Auflage, VS Verlag für Sozialwissenschaften, Wiesbaden, 2010.

Küsters, I.: Narrative Interviews. Grundlagen und Anwendungen. 2. Auflage, VS Verlag für Sozialwissenschaften, Wiesbaden, 2009.

Kypta, G.: Burnout erkennen, überwinden, vermeiden. Carl-Auer Verlag, Heidelberg, 2006.

Maslach, C.; Jackson, S. E.: Maslach Burnout Inventory. Research Edition. Consulting Psychologists Press, Palo Alto, CA, 1981.

Mayring, P.: Qualitative Inhaltsanalyse. Grundlagen und Techniken. Deutscher Studien Verlag, Weinheim, 2000.

Mayring, P.: Einführung in die qualitative Sozialforschung. Eine Anleitung zu qualitativem Denken. 5. Aufl. Beltz Verlag, Weinheim und Basel, 2002.

Mayring, P.: Qualitative Inhaltsanalyse. Grundlagen und Techniken. 10. Aufl. Beltz Verlag, Weinheim und Basel, 2008.

Moser, H.: Instrumentenkoffer für die Praxisforschung. Eine Einführung. 5. Aufl. Lambertus-Verlag, Freiburg im Breisgau, 2012.

Poulsen, I.: Burnoutprävention im Berufsfeld Soziale Arbeit. Perspektiven zur Selbstfürsorge von Fachkräften. 1. Auflage, VS Verlag für Sozialwissenschaften, Wiesbaden, 2009.

Schaufeli, W. B.; Enzmann, D.: The burnout compansion to study and practice. Taylor and Francis, London, 1998.

Schmidbauer, W.: Helfersyndrom und Burnout-Gefahr. 1. Auflage, Urban & Fischer Verlag, München, 2002.

Wagner, P.: Ausgebrannt. Zum Burnout-Syndrom in helfenden Berufen. KT-Verlag, Bielefeld, 1993.

Internetquellen

Apothekenumschau: Burnout: Jeder zehnte deutsche Berufstätige gefährdet. Wort & Bild Verlag Konradshöhe GmbH & Co. KG, Baierbrunn bei München, 2011. Dateidownload unter: http://www.apotheken-umschau.de/Stress/Burnout-Jeder-zehnte-deutsche-Berufstaetige-gefaehrdet--126745.html, 06.06.2012, um 8:32 Uhr.

Burnout Fachberatung: Burnout Ursachen. Wie entsteht das Burnout-Syndrom? Auslöser und Ursachen des Burnout Syndroms. Neuburg/Donau, 2012. Dateidownload unter: http://www.burnout-fachberatung.de/burnout-syndrom/burnout-ursachen.html, 02.03.2012, um 10:47 Uhr.

DAK Gesundheitsreport 2005. Dateidownload unter: http://www.dak.de/dak/download/Gesundheitsreport_2005-1116994.pdf, 03.01.2013, 8:03 Uhr.

DAK Gesundheitsreport 2011. Analyse der Arbeitsunfähigkeitsdaten. Schwerpunktthema: Wie gesund sind junge Arbeitnehmer? Dateidownload unter: http://www.dak.de/dak/download/Gesundheitsreport_2011-1117028.pdf, 03.01.2013, 8:00 Uhr.

Destatis: Zahlen und Fakten. Gesamtwirtschaft und Umwelt. Arbeitsmarkt erläutert. Statistisches Bundesamt, Wiesbaden, 2012 Dateidownload unter: https://www.destatis.de/DE/ZahlenFakten/GesamtwirtschaftUmwelt/Arbeitsmarkt/Arbeitsmarkt.html, 22.05.2012, um 12:11 Uhr.

DIMDI – Deutsches Institut für Medizinische Dokumentation und Information: ICD-10-WHO Version 2011. Kapitel XXI. Faktoren, die den Gesundheitszustand beeinflussen und zur Inanspruchnahme des Gesundheitswesens führen (Z00-Z99). Köln, 11/2010. Dateidownload unter: http://www.dimdi.de/static/de/klassi/diagnosen/icd10/htmlamtl2011/block-z70-z76.htm, 01.03.2012, um 10:08 Uhr.

Euro-Informationen GbR, Krankenkassen. Deutschland: Zahl der Arztbesuche und häufigste Krankheiten in Deutschland. Berlin, 2012. Dateidownload unter: http://www.krankenkassen.de/gesundheit/gesundheit-aktuell/arztbesuche-krankheiten/, 27.02.2012, um 09:57 Uhr.

Lasea: Angst um den Arbeitsplatz – jeder dritte Berufstätige betroffen. W. Spitzner Arzneimittelfabrik GmbH, Ettlingen, 2012. Dateidownload unter: http://www.lasea.de/probleme-am-arbeitsplatz/angst-um-den-arbeitsplatz-jeder-dritte-berufstaetige-betroffen/, 05.03.2012, um 15:26 Uhr.

Marx, K.: Der 18. Brumaire des Louis Bonaparte. MEW 8, 1851. Dateidownload unter: http://gutenberg.spiegel.de/buch/4983/1, 06.06.2012, um 15:38 Uhr.

Stangl, W.: Zur Wissenschaftsmethodik in der Erziehungswissenschaft. "Werner Stangls Arbeitsblätter". 1997. Dateidownload unter: http://arbeitsblaetter.stangl-taller.at/FORSCHUNGSMETHODEN/NarrativesInterview.shtml, 23.05.2012, um 10:49 Uhr

Starkmann Coaching: Informationen über Burnout. Starkmann, M., Nürnberg, 2012. Dateidownload unter: http://www.starkmann-coaching.de/burn-out-syndrom/, 05.06.2012, um 22:13 Uhr

TeachSam: Basistranskript des Gesprächsanalytischen Transkriptionssystems (GAT). Konstanz, 2010. Dateidownload unter: http://www.teachsam.de/pdf_free/gat_basistranskript.pdf, 13.04.2012, um 11:30 Uhr

Zedler, C. M.: Burnout: Ursachen. Proxena GmbH, Zürich, 10/2010. Dateidownload unter: http://www.burnout-info.ch/burnout_ursachen.htm, 02.03.12, um 10:24 Uhr

ZEIT ONLINE: Krankenstand. Zahl der Burn-out-Erkrankungen steigt. Zeitverlag Gerd Bucerius GmbH & Co. KG, Hamburg, 04/2011. Dateidownload unter: http://www.zeit.de/karriere/2011-04/burn-out-erkrankungen, 05.03.2012, um 16:20 Uhr.

Sonstige

Frau M.: Interview vom 10. April 2012